KLEINE BETTLEKTÜRE FÜR DEN GEISTVOLLEN WASSERMANN

Kleine Bettlektüre für den geistvollen Wassermann

GESCHICHTEN
UND GESCHICKE
UNTER
SEINEM
ZEICHEN

Scherz

AUSGEWÄHLT VON
KATHARINA STEINER

Scherz Verlag, Bern München Wien

Schutzumschlag von Heinz Looser

INHALT

Linda Goodman

Wie man den WASSERMANN erkennt

Bei den von Uranus beherrschten Menschen muß man ständig auf das Unerwartete gefaßt sein. Der Wassermann ist im allgemeinen freundlich und ruhig, trotzdem genießt er es, die öffentliche Meinung herauszufordern. Im geheimen hat er Freude daran, die braven Bürger durch gelegentlich exzentrisches Verhalten vor den Kopf zu stoßen. Diese meist liebenswürdigen und höflichen Wesen können Ihnen mit den erstaunlichsten Behauptungen und Taten zu den unwahrscheinlichsten Zeiten einen plötzlichen Schlag versetzen.

Sie können die Menschen, die unter diesem Sonnenzeichen geboren wurden, oft an ihrem häufigen Gebrauch des Wortes «Freund» erkennen. Der Wassermann Franklin Roosevelt begann seine Kamingespräche unweigerlich mit «Meine Freunde...», und die typische Uranus-Frage nach einer gescheiterten Liebe ist: «Können wir nicht Freunde bleiben?» Der Wassermann ist weder abgestumpft noch naiv, weder enthusiastisch noch blasiert.

Achten Sie auf den seltsamen, verträumten Ausdruck in seinen Augen. Es ist, als verfügten die Wassermänner über ein magisches, geheimnisvolles Wissen, das Sie nicht durchschauen können. Wassermann-Augen sind oft (aber nicht immer) blau, grün oder grau. Das Haar ist häufig glatt und seidig, meistens blond, aschblond oder hellbraun, die Gesichtsfarbe ist blaß, und sie sind gewöhnlich größer als der Durchschnitt. (Obwohl der Aszendent jedes Sonnenzeichen beeinflussen kann.) Sie werden ein auffallend edles Profil feststellen können. Uranus-Gesichter sind wie gemeißelt, sie erinnern an die Köpfe der römischen Kaiser auf alten Goldmünzen.

Die freiheitsliebenden Uranier können ausgesprochen witzig, boshaft, originell, eingebildet und selbstbewußt, aber sie können auch diplomatisch, sanft, mitfühlend und schüchtern sein. Der Wassermann wird fast verzweifelt den Schutz der Menge suchen und viele Freunde haben. Und dann wieder wird er schwermütig und verdrießlich nach Einsamkeit verlangen, und keiner darf ihn stören.

Der Wassermann analysiert ständig Situationen, Freunde und Fremde. Es kann beunruhigend sein, wenn er beginnt, mit einem Minimum an Takt unverhohlen Fragen zu stellen und in Ihre intimsten Geheimnisse einzudringen. Entdeckt er, daß das Rätsel gar nicht so kompliziert ist, wird es ihn langweilen, manchmal ärgert er sich sogar. Nichts ist so beleidigend wie ein Wassermann, der seines minuziösen Spiels peinlicher Untersuchung überdrüssig wird und sich der nächsten interessanten Person zuwendet – gerade nachdem er Sie davon überzeugt hat, daß Sie das bedeutendste menschliche Wesen auf Erden sind.

Trotz ihrer vielen Freundschaften haben die Wassermänner wenig intime Freunde. Sie sehen mehr auf Quantität als auf Qualität, und ihre festen Beziehungen erstrecken sich meist nur auf einen begrenzten Zeitraum. Wenn man um die nächste Ecke biegt, gibt es ja wieder so viel Neues zu entdecken, da kann man sich nicht ausschließlich an ein oder zwei Menschen binden.

Eine merkwürdige Isolation ist um die Wassermann-Menschen. Sie werden oft mißverstanden. Das kommt daher, daß die Menschheit das «Utopia» des Wassermannes noch nicht erreicht hat. Da der Uranus-Mensch in der Zukunft lebt und nur für kurze Zeit in die Gegenwart zurückkehrt, kann er weltlicheren Seelen zuweilen leicht verrückt vorkommen. Er spürt es, und das vertieft sein Gefühl der Isolation. Er sieht jedoch nicht ein, weshalb er rückwärts gehen sollte, nur weil andere nicht mit ihm Schritt halten können. Die Astrologie lehrt uns: «Wie der Wassermann heute denkt, so wird die Welt in fünfzig Jahren denken.» Dieses Sonnenzeichen ist als Zeichen der Genies bekannt, denn über siebzig Prozent der genialen Menschen haben entweder die Sonne oder den Aszendenten im Wassermann. Andererseits ist aber auch ein beträchtlicher Prozentsatz der Insassen von Nervenheilanstalten und der Patienten von Psychiatern unter dem Zeichen Wassermann geboren.

Der Wassermann hat so großzügige Ansichten, daß Sie bei ihm selten Vorurteile finden werden, wenn das Geburtshoroskop nicht schwere Planetenverletzungen aufweist. Und selbst dann wird er zutiefst empört sein, wenn man ihm Voreingenommenheit vorwirft. Er geht zu den Reichen und in die Slums, sammelt seine Eindrücke und gibt sie wieder, und nur gelegentlich zieht er sich in die Abgeschiedenheit zurück. Aber diese Perioden dauern nicht lange. Versuchen Sie nicht, seine Einsamkeit zu stören. Wenn er allein sein will, dann will er wirklich allein sein. Er hat sich nicht für immer vom Hauptstrom zurückgezogen. Er kann nie lange auf Menschen verzichten.

Gewöhnlich ist es schwierig, eine genaue Verabredung mit einem Wassermann zu treffen. Er läßt lieber alles offen, denn er möchte sich nicht auf bestimmte Pflichten und bestimmte Termine festlegen. Er zieht ein beiläufiges: «Ich sehe dich dann, vielleicht irgendwann am Dienstag» einer festgesetzten Stunde für eine Verabredung vor. (Und manchmal meint er erst den Dienstag der nächsten Woche.) Wenn Sie ihn aber einmal festgenagelt haben, wird er sich pünktlich zur verabredeten Zeit einfinden – wenn er nicht entführt wurde (was auch passieren kann, da er ja ein Wassermann ist).

Sie können erwarten, daß er seine Meinung freimütig äußert, aber er wird Ihnen nicht vorschreiben, wie Sie denken oder Ihr Leben führen sollen. Andererseits läßt er sich auch von Ihnen keine weisen Ratschläge geben. Anders als Widder, Löwe oder Zwillinge hat er kein Verlangen danach, seine Ideen anderen aufzudrängen. Die Philosophie des Wassermanns lautet: Jeder hat seine eigene Sehnsucht. Jeder tanzt nach seiner eigenen Melodie, und die Individualität sollte respektiert werden. Es ist interessant zu beobachten, daß jetzt, da die Welt ins Wassermann-Zeitalter tritt, die Herolde der neuen Ära die Hippies und die Gurus sind. In übertriebener Weise spiegeln sie einfach die Wassermann-Ideale wider: Gleichheit – Brüderlichkeit – Liebe für alle – leben und leben lassen – Suche nach der Wahrheit – Experimente – und Abgeschiedenheit, um zu meditieren.

Oft sind die Wassermänner feindseliger Kritik

ausgesetzt, weil sie so voller Überraschungen sind. Sie haben die eigensinnige Angewohnheit, einen nicht wissen zu lassen, was sie vorhaben.

Es liegt dem Uranier nicht, den Menschen zu vertrauen, bevor er nicht ihre Motive, wenn möglich sogar ihre Seele genau untersucht hat. Man wird leicht nervös, wenn er jedes Wort und jede Geste analysiert. Es hat den Anschein, als lege er alles für einen etwaigen späteren Gebrauch «auf Lager», und so ist es auch. Manchmal hat man den Eindruck, als bewege er sich in einem traumhaften Nebel, aber lassen Sie sich nicht irreführen. Wahrscheinlich kann er Ihnen sagen, wie viele Wimpern Sie haben. Erwarten Sie nie von einem Wassermann, daß er Sie für bare Münze nimmt. Seine angeborene Höflichkeit wird ihn nicht davon abhalten, Sie von Kopf bis Fuß zu durchleuchten. Er will wissen, was hinter Ihrer Stirn vor sich geht, und er kann recht unangenehme Fragen stellen, um es herauszufinden. Es ist jedoch tröstlich zu wissen, daß er treu ist, wenn er Sie einmal akzeptiert hat. Seine Freundschaft läßt sich nicht von boshaftem Klatsch beeinflussen.

Die Krankheiten des Wassermannes stehen häufig mit dem Kreislaufsystem in Zusammenhang. Uranus-Menschen zittern und bibbern im Winter und leiden unter der schwülen

Hitze des Sommers. Sie sind im Alter anfällig für Krampfadern und Arterienverkalkung, und sie neigen zu Unfällen an den Beinen, besonders am Schienbein und an den Knöcheln. Oft kommt es zu Halsentzündungen. Wassermänner brauchen viel frische Luft, viel Schlaf und körperliche Bewegung, aber selten leben sie nach diesen Regeln. Sie haben nicht genug frische Luft, weil sie das Fenster schließen, eine Decke auf die andere legen und doch immer noch frieren. Die nervöse Hochspannung, in der sie sich ständig befinden, hindert sie daran, genügend Schlaf zu finden, und oft wird ihre kurze Ruhe noch von seltsamen Träumen gestört. Wenn man sie nicht schon als Kinder daran gewöhnt, Spiel und Sport zu treiben, ist es schwierig, sie später dazu zu bringen, sich auch nur etwas schneller zu bewegen. Der Geist des Wassermanns ist ständig überanstrengt, aber sein Körper braucht einen kräftigen Schubs, damit er sich in Bewegung setzt. In der Kindheit ist die Gesundheit der Wassermänner meist ausgezeichnet, abgesehen von seltsamen Uranus-Beschwerden, die man nicht diagnostizieren kann. Die wirklichen Schwierigkeiten beginnen erst, wenn mit zunehmendem Alter auch der Eigensinn wächst. Diese Menschen sprechen sehr auf Hypnose an. Viele spüren das instinktiv und wehren sich mit allen Mitteln dagegen, was Unsinn ist, denn ein guter medizinischer Hypnotiseur könnte sie von ihren vielen Angstzuständen befreien.

Wassermänner haben nicht das beste Gedächtnis der Welt, aber sie brauchen sich auch nicht viel zu merken, da sie anscheinend das Wissen mit einer Art unsichtbarer Antenne aus der Luft greifen.

Die Wassermänner haben eine bewundernswerte Konzentrationskraft, aber sie nehmen auch die Dinge, die um sie herum vorgehen, wie mit einem Radargerät wahr, wenn sie wollen. Sie können in eine komplizierte Unterhaltung vertieft sein, und doch entgeht ihnen kein Satz, der am anderen Ende des Zimmers gesprochen wird. Manchmal könnte man schwören, daß der Wassermann nichts von dem, was man sagte, gehört hat, aber am nächsten Tag gibt er wie ein Tonbandgerät Wort für Wort wieder.

Was der Wassermann denkt, ist immer ein Schlüssel für die Zukunft. Er hat eine seltsame Art der Intuition, die zu Vorausahnungen neigt. Ich kenne einen, der tatsächlich ans Telefon geht, bevor es überhaupt geläutet hat, und er weiß sogar, wer am Apparat ist, ehe ein Wort gesprochen wurde. Abraham Lincoln hat seinen eigenen Tod mit erschreckenden Einzelheiten verschiedentlich vorausgeahnt. Fast jeder Wassermann kann mit einzigartigem Feingefühl Ihre innersten Wünsche erraten. Ohne daß darüber geredet wird, erkennt er ein Verlangen, das so tief verborgen liegt, daß Sie selbst es kaum ahnen. Durch diese magische Gabe kann der Wassermann auch seine eigenen Gedanken wie mit unsichtbarem elektrischem Strom übertragen.

Und doch ist nichts Abergläubisches in ihrem Denken. Der Wassermann ist der wahre Forscher und wird, selbst wenn er Mechaniker oder Musiker ist, keine Entscheidung treffen, bevor sein scharfer Verstand nicht vorher alles genau überprüft hat. Hat er jedoch einmal eine Meinung gefaßt, hält er bedingungslos an ihr fest. So sehr er für Veränderungen in der Gesellschafts- und Regierungsform ist, seine eigenen Ideen wandelt er nicht. Er ist absolut vorurteilslos, wenn es um den allgemeinen Fortschritt geht, sein eigenes Verhalten kann jedoch unerwartet konservativ sein. Wie Sie sehen, hat auch sein Liberalismus Grenzen.

Wassermänner verachten Lüge und Betrug und vermeiden es, Geld zu leihen oder zu verleihen. Sie schenken Ihnen Geld, aber borgen Sie sich nie etwas von ihnen. Nicht zurückgezahlte Schulden können einen Riß in der Freundschaft verursachen. Wassermänner halten ihr Wort, zahlen ihre Rechnungen und erwarten von anderen das gleiche. Die Liebe der Uranier zur Ehrlichkeit kann allerdings auch seltsame Formen annehmen. So sehr er Heuchelei und Doppelzüngigkeit haßt, versteht es der Wassermann ausgezeichnet, Fragen so geschickt zu beantworten, daß man einen falschen Eindruck erhält. Und doch wird er höchst entrüstet sein, wenn er jemand anders bei einer solchen kaum wahrnehmbaren Art der Täuschung ertappt. Sein unnachgiebiges Suchen nach der Wahrheit und sein Verlangen, die eigenen Beweggründe zu verbergen, sind unvereinbare Eigenschaften. Der Wassermann muß diesen Widerspruch schließlich sehen, um die Wahrheit über sich selbst zu erkennen.

Man hält die Wassermänner für Idealisten, vielleicht zu sehr, denn der wahre Idealismus besteht aus blindem Glauben und Optimismus, und der Uranier ist zu gewitzt, um sich lange mit einer verlorenen Sache abzugeben. Er weiß, daß die meisten Träume Illusionen sind. Tradition und Autorität lassen ihn kalt. Er wird sie höflich respektieren, aber sie werden ihn nicht davon abhalten, mit zwingender Energie Irrtümer, Falschheit und Unlogik zu entlarven.

HANS CAROSSA

Die Forelle

Unter den Nachbarkindern, die mit mir spielten, befand sich eine Jägerstochter, die nichts lieber tat als Geschichten erzählen. Sie war älter und größer als ich; ihr Gesicht hatten Luft und Sonne so dunkelbraun gemacht, daß die großen Sommersprossen als helle Tupfen daraus hervorstachen, sie wurde daher im ganzen Dorf die Forelle genannt. Im Unheimlichen war sie zu Hause, in bösen Taten, Erdbeben und Verfinsterungen, und immer klang es, als wäre sie dabei gewesen. Auch vom nahen Weltende wußte sie viel; sie entdeckte davon täglich am Himmel die gewissesten Zeichen, und oft, wenn wir auf dem Apfelbaum arglos die Früchte der Erde genossen, schwärmten wir mit süßestem Grauen von deren Untergang.

Was andere vortrugen, vermochte nie die Forelle zu verblüffen. Stets hatte sie Deutungen bereit und überbot die tolle Kunde durch eine noch tollere. Betrüblich war nur zuweilen, daß sie sich ihre Fabeleien bezahlen ließ und nicht eher zu erzählen anfing, als bis ihr jeder einen Pfennig, eine Glasperle oder wenigstens ein paar bunte Bohnenkerne eingehändigt hatte.

Überhaupt ging sie mit uns jüngeren Kindern nicht gerade gutmütig um. Von ihren Eltern hart behandelt, sah sie gern auch andere gezüchtigt und spähte eifrig nach fremden Sünden. Hatte sie mich eines Vergehens überführt, so trug sie's unverzüglich der Mutter zu und empfahl ihr angelegentlich meine Bestrafung. Setzte sie diese durch, so konnte ich ihr dennoch nicht lange gram sein; denn sie betäubte mich gleich darauf mit Schmeicheleien und erzählte eine hübsche Geschichte ganz umsonst. Zu meiner Freude gab es auch gute, durchaus menschliche Wesen, mit welchen sie heimlich verkehrte. In Felsenhöhlen der Vorberge, nah der Benediktenwand, lebten lichtweiße Hirsche mit kristallenen Geweihen, die wie Menschen redeten und das Mädchen jedesmal aufs beste bewirteten, wenn es zu Besuch kam. Sie leckten ihm die Wangen, trösteten es, wenn es daheim Schläge bekommen hatte, brachten Kuchen und Met und schenkten ihm Kleider und Schuhe. Inständig bat ich die Forelle, mich nur einmal zu den Wunderhirschen mitzunehmen. Sie versprach es von Tag zu Tag, brachte aber schließlich mit wildem Weinen die Kunde, daß jene schönen und weisen Tiere, von Jägern aufgespürt und verwundet, ihre Behausung verlassen hätten und weit hinauf in das unzugängliche Gebirge gezogen seien.

Es kamen Stunden, da war meine Lust, mich auf der Weide zwischen den läutenden Rindern umherzutreiben, ihnen in die Augen zu schauen, ihr mächtig-behagliches Schnauben zu spüren und mich an die schweren warmen Leiber zu drängen, selbst mit Gefahr, daß Hörner und Klauen mich beschädigen könnten. Doch versetzte mich die Tiergegenwart immer in ein sinnlos-trauervolles Erwarten, wie ich es unter Menschen nie empfand. Kamen mir in solchen Augenblicken Vater und Mutter, Lehren und Gebete in den Sinn, so wies ich derlei Erinnerungen als unerträglich fremd zurück, als wollte ich aus dem Banne der Kreatur nie wieder erlöst werden, bis ich endlich mit einer Art Schrecken aufsprang und heimlief, sehr froh, wieder im nüchtern Menschlichen aufzutauchen. Mit der Zeit verloren sich diese Anwandlungen, und noch manches Jahr durfte ich in der Leichtigkeit und dem Drang nach oben verbringen, die das Wesen des Knaben ausmachen.

Wenn es wahr ist, was Dichter sagen, daß vom Ursprung her gewisse Fähigkeiten in uns ruhen, die wir nur leider in dieser Form des Lebens nicht entwickeln können, so war mir wie vielen andern gewiß auch die Gabe des Fliegens zugedacht. Daß man sich in die Luft erheben könnte, wenn man nur lange genug mit ungeheurer Schnelligkeit die Arme schwänge, dies

Gefühl überkommt jeden Knaben; auch in mir war es auf einmal da, ich suchte frei Feld, entkleidete mich und begann zu üben. In Gestalt eines schwarzen Hundes aber nahte mir der Geist der Schwere in dem Augenblick, wo ich schon beträchtlich über der Erde zu schweben glaubte; er biß mich tief in den Arm, Heilungswochen forderten Ruhe, die Flüge hatten ein Ende. Bald aber verdrängte den ersten Wahn ein zweiter, der sich länger erhielt. Einmal, als ich in der Kutsche neben dem schweigsam sinnenden Vater sitzend über die Loisach fuhr, wurde mir sehr klar, daß ich, falls ich nur geschwind liefe und eine gewisse schräge Richtung nach rechts einhielte, das Wasser zu Fuß überqueren könnte. Man mußte nur laufen, so rasend schnell, daß einem zum Versinken keine Zeit blieb. Langsam befestigte sich der Gedanke; schließlich verriet ich ihn der Forelle. Sie sagte, das sei nichts Neues, sie selber sei schon einmal von Seeshaupt bis Ammerland über den Starnberger See gelaufen und habe nicht einmal einen nassen Rock dabei bekommen.

«So ganz ohne Nücken ist das Ding freilich nicht», ergänzte sie jedoch mit besorgter Miene. «Wenn du kein Sonntagskind bist und das Wort nicht weißt, das du beim Laufen immer vor dich hinsagen mußt, helfen dir die flinksten Beine nichts.»

Damit schwieg sie und sah streng ins Weite. Froh, die Vorbedingungen der sonntäglichen Geburt erfüllt zu wissen, suchte ich ihr sogleich das Zauberwort abzuschmeicheln, und wirklich, als ich ihr die blaue Perle bot, vertraute sie es mir an; es hieß Ogolúr! Ogolúr! Ja sie schenkte mir noch drei Haselnüsse dazu, die solle ich beim Laufen fest in der Hand halten, wodurch Ogolúr an Kraft gewann.

Indessen kam Ostern herbei, und über den Vorbereitungen zum Fest entschlief die wellenwandlerische Sehnsucht, aber nicht für lange. Am Ostermontag nach dem Essen waren die Eltern nach Tölz gefahren, ich stand allein am Fenster, da kam gemächlich knirschend der gelbe Postwagen den Hügel herab. Der Postillon, prangend in Silber und Blau, begann auf dem Horn ein Lied zu blasen, es durchfuhr mich unüberwindlich, mit laut schlagendem Herzen sprang ich auf die Straße, sah den Kopf des Bläsers nach der anderen Seite gewendet und saß im Nu hinten auf dem Trittbrettchen, dunkel entschlossen, bis zur Loisach mitzufahren.

Kirchgänger kamen des Weges, nickten mir zu, gaben aber nicht weiter auf mich acht; sie dachten wohl, ich werde bei den letzten Häusern wieder abspringen. Bald aber blieb das Dorf zurück, und ruhig unter blauem Himmel entwickelte sich das Wohlbekannte: gereihte

Birken längs dem Straßengraben, wo schon Hahnenfuß und Primeln blühten, das kupferbraune Moor mit Schneeflecken, Krüppelföhren und aufgestapeltem Torf und hinter allem die hell verhüllten Gebirge. Der Postillon blies Weise um Weise; von den Rädern ging ein weißes Gestäube aus und machte mich den Fußgängern unsichtbar. Dann und wann griff ich nach den Haselnüssen und wiederholte mir das Wort Ogolúr.

Später fuhren wir durch Gehölz eine Höhe hinan; hier wehte es kühl und staubte nicht. Ich sah einen alten Mann von einem Seitenweg aus auf die Straße kommen; sein langer Bart war graugrün, sein Rock zerrissen, sein Gang taumelnd; jammernd sprach er mit sich selbst und bewegte heftig die Arme. Es war zu sehen, daß er den Postwagen gern eingeholt hätte. Plötzlich bemerkte er mich und winkte mir; schließlich drohte er mit beiden Fäusten. Ich erschrak, merkte aber zugleich, daß der Abstand zwischen ihm und mir immer größer wurde, und wagte seine Drohgebärde zu erwidern, worauf er in Wut geriet und mir einen Stein nachwarf. Der Postillon meinte, dies alles gelte ihm – «schlaf deinen Rausch aus, alter Sünder!» schrie er gutmütig zurück und fuhr eilig weiter. Dieser Zuruf ernüchterte mich wie ein Donnerschlag. Sünder – das war mir schon durch seinen bloßen Klang ein furchtbares, ein feierliches Wort, ich dachte dabei stets an einen Menschen, der etwas anzündet, und wo es ausgesprochen wurde, war meistens auch der Name Gott nicht fern. Hätte mir jemand den alten Mann gleich anfangs als einen Sünder bezeichnet, keine Macht der Welt hätte mich vermocht, gegen ihn die Hand zu erheben. Und plötzlich fiel mir auf, daß ich die Gegend, welche wir nun durchfuhren, gar nicht kannte; nie hatte ich so viele Bäume gesehen, nie so große Steine, ich begann mich zu fürchten. Aber da war gerade die Steigung überwunden; unaufhaltsam ratterte das Gefährt abwärts, ich hatte nur noch zu sorgen, wie ich mich am Brettchen festhielt, und auf einmal endete die höllische Niederfahrt vor einem großen weißen Hause, an dem ein blaues Briefkästchen angebracht war, ich vernahm ein gleichmäßig behagliches Gesumme, dazwischen Zitherspiel, Gesang und Kegelkugelrollen, und sah in einen offenen Wirtshausgarten hinein, wo viele Leute vor großen grauen Krügen an langen Tischen beisammensaßen. Wie von Schlägen mürbe ließ ich mich abgleiten und wurde bald von staunenden Kindern umringt und jungen Müttern zugeführt, die den verdutzten Schwager lächelnd fragten, welch noblen Fahrgast er da mitgebracht habe. Alle Frauen waren schön feiertäglich angetan, hatten runde grüne Hütchen mit silbernen Schnüren und Quasten und um die starken Hälse Kettchengewinde mit goldenen Schließen; in der Hand hielt jede ein Gebetbuch, dazu einen Büschel blauer und gelber Blumen. Sie fragten mich, wem ich gehöre, wuschen mir am Brunnen mein verstaubtes Gesicht und wußten jedes Bedürfnis. Endlich setzten sie mich zu ihren Männern an einen Tisch, brachten Ostereier, Brezeln und Milch und sprachen dabei immer von meiner Mutter, wie sie sich um mich ängstigen müsse. Zuletzt beschlossen sie, mich dem Postillon, der nach zwei Stunden zurückkehren würde, einfach wieder mitzugeben. Die Bänke füllten sich mit neuen Gästen, die Zither klang unaufhörlich, etliche sangen, andere schlugen sich mit den Händen auf die Schenkel; groß war die allgemeine Lust, und jeder beteuerte, so helle heiße Ostern habe noch niemand erlebt. Und siehe, es kam auch der Sünder in den Garten herein, zog den Hut, ging voll Demut von Tisch zu Tisch und sammelte Spenden. Er hatte jetzt ein Gesicht wie Gott Vater, und inbrünstig betete ich im stillen, er möge mich nicht erkennen. Wirklich tat er auch großmütig, als habe er mich nie gesehen und als ich ihm eins von meinen roten Eiern in den Hut warf, bedankte er sich aufs höflichste.

Nachdem ich an den Speisen satt geworden,

zogen mich die Kinder fort. Wir einigten uns auf ein Versteckspiel, wozu der weite Baumgarten mit vielen anschließenden Gebäuden und Gebüschen einlud. Bald war auch ich an der Reihe, mich zu verbergen und gesucht zu werden. Ein langer scheunenartiger Bau schien meinem Zwecke dienlich; ich trat ein und sah, während ich mich im dämmerigen Raum weitertastete, wie gerade durch ein Falltürchen der anderen Seite etwas unbeschreiblich Schönes ins hereinfallende Licht hinaus entschwand, ein schwarzgrün-goldenes Fließen, dem ich nichts Bekanntes vergleichen konnte. Begierig sprang ich nach und zwängte mich durch das Pförtchen. Es gelang nicht leicht; mein Jäckchen zerriß, Knöpfe hüpften davon, endlich aber stand ich draußen im Freien bei einem herrlichen Pfau, der sich nur langsam entfernte und ruhig bestaunen ließ. Jetzt aber, ganz nah, schollen die Rufe der Verfolger. Vor mir stand Schilf und kahles Gesträuch als einziger Unterschlupf, unwiderstehlich aber zog der wandelnde Gefiederprunk, ich verharrte unschlüssig – plötzlich stieß das gleißende Tier einen Schrei aus, scharf, böse wie ein Schimpfwort; erschrocken, doppelt verscheucht, brach ich mit einem Satz in das Dickicht ein und stürmte, Geflecht und Geschling überwindend, unaufhaltsam vorwärts, bis ich an eine kiesige Fläche gelangte, hier hielt ich und horchte. Die Kinder waren still, der Pfau war still; ein leises Tosen erschütterte den Boden, der mit großen weißgetupften Blättern und rötlichblauen primelartigen Blumen bewachsen war, und breit hinaus, durch Strauch- und Pflanzengefüge, glänzte das Wasser. Ich sah mich in der Nähe um. Nur ein schmaler Strich trockenen Grundes trennte mich von allerlei Tümpeln und Lachen mit schwarzem halbüberschwemmtem Gestrüpp; hier hatten sich viele Holz- und Schilfstückchen gesammelt, wie kleine Matten schwammen sie, dicht aneinanderliegend auf dem unruhigen Wasser, zierliche Vögel standen darauf und ließen sich schaukeln. Draußen aber war die große zu Wirbeln verzogene Flut. Gern hätte ich die hübschen Vögel genauer betrachtet; aber am weiteren Vordringen hinderte mich ein sonderbares Etwas. Unheimliche gelbgraue Wesen bedeckten den Grund, halb wie Raupen, halb wie Puppen, manche leicht gekrümmt, andere lang ausgestreckt, und was das Schauerlichste war, keins bewegte sich im mindesten, alle stellten sich gleichsam tot. Ich pflegte sonst nichts Lebendiges zu fürchten, weder Käfer noch Mäuse noch Schlangen; aber gräßlich war mir das Larvenhafte. Ich glaubte das so gut zu kennen; unschuldig hing es oder lag es irgendwo, man nahm es arglos auf wie ein Schneckenhäuschen, plötzlich zuckte es an den Fingern, und widerwillig mußte man ihm Leben zuerkennen. Gewiß hatte ich auch hier etwas dergleichen vor mir, und beim bloßen Gedanken, daß ich die zweifelhaften Kreaturen auch nur mit der Schuhspitze berühren oder gar auf sie treten sollte, lief es mir kalt über die Haare. Lieber verzichtete ich für diesmal auf neue Entdeckungen und begnügte mich, von meiner Kiesplatte aus auf das Gewässer zu blicken.

Da war's, als hörte der Fluß zu fließen auf, als triebe vielmehr ich selber mit rasender Gewalt ins Unbekannte. Zugleich spürte ich einen leichten Schwindel und wagte von der täuschenden Ferne nicht wegzuschauen. Ich entsann mich auch dabei, daß ich über die Loisach hatte laufen wollen, und irgendwo in der Unendlichkeit flog das Wort Ogolúr. Drüben, jenseits des Flusses aber nahte jetzt Musik, mir schien von einer Ziehharmonika, dazu heller vollstimmiger Gesang, durch Stämmchen- und Staudengewirr flirrten bunte Farben wie von Kleidern und Bändern, es mußte ein Zug fröhlicher geschmückter Menschen sein. Da verlor sich das Trügende, das Wasser floß wieder, und während Musik und Farben sich entfernten, kamen auf den Wellen allerlei Gegenstände herunter, ein Stuhl, ein Rechen, ein Backtrog und ganz nahe, in schrecklicher Wahrheit, ein bräunliches Tier mit kugelhaft geblähtem Bauch und entblößten schimmernden Zähnen. Dieser Anblick riß unermeßliches Heimweh auf, bedroht schien die Rückkehr zur Mutter, und als nun eben wieder die Kinder ängstlich, fast zürnend nach mir schrien, war es wie ein Glück. Ich folgte mit lauten Antwortrufen, verfing mich in Pflanzen und geriet in ganze Wolken gelben Staubes, der, von geschüttelten Zweigen abqualmend, zum Husten reizte. Aufblickend entdeckte ich, daß dies duftende Pulver von den nämlichen gelbgrauen Raupen herrührte, die mir vorhin so widerwärtig den Weg verlegt hatten; büschelweise wuchsen sie hier massenhaft an schwankenden Ruten. Diese Erkenntnis im Fluge mitnehmend stürmte ich weiter und langte heiß und froh im Garten an. Schon stand der Omnibus zur Abfahrt bereit. Ich nahm Abschied von den kaum gewonnenen Gespielen und lud sie alle zu einem Besuch in Königsdorf ein. Die Frauen wickelten mich in ein Tuch, stellten einen Weidenkorb mit Geschenken, obenauf die gefärbten Eier, vor meinen Sitz, und ermahnten mich, ihn der Mutter zu überreichen, damit sie mich nicht etwa unglimpflich empfange. Der Postillon blies, ich machte mir's auf dem Bock neben ihm bequem, die Räder ächzten bergan.

Als wir bei Vollmond und letztem Tageslicht ins Dörfchen einfuhren, stand an einem Gartenzaun die Forelle. Sie machte ein böses Gesicht, drohte mir, dem Wagen folgend, mit dem Finger und schrie: «Freu dich, Ausreißer! Dir ist eingeheizt! Die Rute liegt schon auf dem Tisch!» Ich aber, ohne zu überlegen, in schneller Erleuchtung, hob ihr mit aller Kraft beider Hände den herrlich überladenen Korb entgegen und log aus Herzensgrund:

«Ogolúr! Ogolúr! Ich fürchte mich nicht. Über die Loisach bin ich gelaufen. Bei den weißen Hirschen bin ich gewesen. Met und Brezeln hab ich gekriegt, und schau nur, was sie mir sonst noch alles geschenkt haben!»

Zu Hause wurde ich, statt mit Strafen, mit vielen Tränen und liebevollen Vorwürfen empfangen, und bald verlor sich der abenteuerreiche Tag für manches Jahr aus meinem Gedächtnis. Was mir aber noch lang zu schaffen machte, war das künftige Verhalten der Forelle. Meine Wagen-Triumphrede mußte sie, als ein Übergriff in ihren eigensten Bereich, tief erbittert haben; sie kam nicht mehr zu mir, vermied Gruß und Blick und brach sofort ihre Erzählung ab, wenn sie gerade im Hörerkreise saß und ich dazutreten wollte. Vergeblich bot ich ihr meine höchsten Besitztümer, sogar das kostbar flimmernde Granitstück; sie blieb abgewandt, und es bedurfte eines ungewöhnlichen Ereignisses, um das harte Herz zu erschüttern.

An einem Nachmittag im Sommer kam Gewitter. Es wurde sehr finster im Zimmer; breit rollte der Donner von den schwarz verhangenen Bergen herein. Die Mutter hielt sich gerade in einem Nebenraum auf; ich stand am Fenster und sah den Himmel an. Auf Schiefergrau schrieb sich ein weißer Blitz; die Unwillkürlichkeit der Erscheinung war überwältigend; ich klatschte vor Lust mit den Händen. Die Magd, sehr bleich, verwies mir meinen Jubel, zündete ein schwarzes Kerzchen an, klebte es am Tischrande fest und begann zu beten. Aber mit kurzem rauhem Krachen zerglänzten bläulich Zimmer und Welt, dann folgte Stille. Unten rief jemand: «Das Jägerhaus brennt!» Leute rannten zusammen, und im Nu war ich mitten unter ihnen. Es regnete leise, während wir die kurze Strecke zu der wohlbekannten Anhöhe zurücklegten. So nah die erhitzte Luft es zuließ, trat ich an den Brand heran; das Urherrliche, schrecklich Rechtmäßige der Flamme zog wie mit Geisterstärke. Wie war so gar nichts Gehässiges an ihr! Gleich einem, der weiß, wie er sein Tagwerk wohl vollende, hat sie schnell das Brennbare zusammengesucht; selig vertilgt sie es und lodert schön zum Himmel. Hurtig aber, mit Eimern und Kübeln liefen die Menschen zum Bach hinunter, holten Wasser und schütteten es ins Feuer. Dies reizte zur Nachahmung; in altem Schutt fand ich einen kleinen verrosteten Becher, damit lief ich unermüdlich zwischen Bach und Haus hin und her und besprengte den Brand. Schweiß tropfte von der Sirn; ich bemerkte es mit Genugtuung und verdoppelte meinen Fleiß. Da berührte mir jemand die Schulter; ich sah auf, es war die Forelle. «Laß es gut sein!» sagte sie, während ihr Träne auf Träne über die rötlich getupften Wangen herabrann, «es ist ja doch umsonst. Die Betten und die Geißen sind heraußen, und um das alte Geraffel ist nicht viel schad.»

Nun erst sah ich, daß es eigentlich nichts mehr zu retten gab und daß die Erwachsenen schon aufgehört hatten, das Feuer löschen zu wollen. Vor einem Haufen zusammengeworfener Habe standen zwei Ziegen, an ein Bäumchen gebunden, und rupften Gras. Der Jäger und sein Weib schauten gelassen auf die glosenden Trümmer, während ein vollbärtiger Herr mit grünem Hütchen auf sie einredete. Von den Dorfkindern war keines zu sehen; keins hatte, wie ich, das Glück gehabt, seiner Mutter zu entwischen. Ich wandte mich um, da stand farbenhell ein ungeheurer Bogen über der finsteren regnenden Welt. Die Befreiung, die wir jedesmal fühlen, wenn das Licht, das sonst so strenge tief gebundene, sich auf einmal vergißt und jubelnd in seine Farben auseinanderklingt, ich erfuhr sie zum erstenmal – «die Welt geht unter!» schrie ich entsetzt und entzückt.

«Es ist nur ein Regenbogen», erklärte die Forelle. «Man könnte zu ihm hingehen. Er steht auf goldenen Schüsseln im Gras.» – «Wir holen sie, komm! Und du kaufst dir damit ein neues Haus». Ich nahm das Mädchen bei der Hand und suchte es fortzuziehen. Die Forelle wehrte ab. «Man soll es nicht tun», sagte sie bedenklich.

«Warum nicht?»

«Wenn du gar nicht daran denkst und findest die Schüsselchen zufällig auf deinem Weg, dann gehören sie dir, und du hast Glück damit. Wenn du aber darnach suchst, hast du eine Sünde.»

«Wir brauchen übrigens kein Gold», fuhr sie nach einer Weile fort. «Der Staat muß uns ein nagelneues Haus bauen, ein viel schöneres als das alte war. Der Staat hat Geld genug. Der Herr Forstmeister hat es gesagt.» Plötzlich fing sie wieder zu weinen an, und als wäre ich das einzige, was ihr aus dem Brande geblieben, drückte sie mich heftig an sich, während ich mit Verwunderung bemerkte, daß aus dem schönen Bogen bereits ein großes Stück herausgebrochen war.

Ludwig Aurbacher

Seltsames Roßfutter

Der Müller von Knorringen war weit und breit in der Gegend als ein kurioser Mann bekannt, der allerhand seltsame Streiche machte. Und also wunderten sich die Bauern nicht, die zu Grünwiesen im Wirtshaus um den Ofen herum saßen, daß er noch spät abends bei grimmiger Kälte zu Pferd ankam; wohl aber darüber, was er weiter tat. Nachdem er nämlich in die Stube getreten und sich darin umgesehen hatte, sagte er zur Kellnerin, sie solle eine Schüssel voll Salat mit Essig und Öl und harte Eier darauf zurichten lassen für sein Roß. Die Bauern dachten bei sich, das gibt wieder so einen Spaß, von dem man erzählen kann. Als der Salat fertig war, ließ er ihn wirklich in den Stall tragen für sein Roß; und die Bauern folgten alle neugierig der Kellnerin, zu sehen, wie es dem Vieh schmecke. Inzwischen setzte sich der Müller gemächlich auf die Ofenbank, breitete seinen Mantel aus und ließ sich's wohl sein. Nach einer Zeit kam die Kellnerin zurück mit den Bauern und sagte: Das Roß frißt den Salat nicht. Nicht? sagte der Müller; nun, so freß ich ihn; und setzte sich an den Tisch und aß. Darauf, nachdem er die Zeche bezahlt, holte er sich den Mantel vom Ofen und sagte höflich zu den Bauern: Habt Dank, daß ihr mir Platz gemacht! und ging weiter. Jetzt merkten erst die Bauern, daß er sie gefoppt habe, der vermaledeite Müller. Und wenn der günstige Leser das Stücklein nicht glauben mag, so geh' er nach Grünwiesen und verlange nur im Wirtshaus, so laut, daß es die Bauern hören mögen, Salat mit Essig und Öl und harte Eier drauf; er gebe aber acht, daß ihm die Speise nicht versalzen werde.

Lars Ahlin

Man kommt nach Haus und ist nett

Als Sören Hellgren beschwipst nach Hause kam, zog er sich nur die Galoschen im Flur aus. Er schob den Hut ins Genick, knöpfte den Mantel auf und marschierte hinein und versuchte froh und unbeschwert zu wirken.

«Jetzt komm ich. Bin ich erwartet?» sagte er ein bißchen spöttisch.

Er hielt seiner Frau eine Tüte hin.

Sie war dabei, Staub zu wischen. Sie hatte gerade eine Menge Sachen von der Kommode heruntergerafft und auf den Tisch gestellt. Sie hatte vor einer Minute hastig das Staubtuch genommen, und nun versuchte sie so zu tun, als sei sie schon lange damit beschäftigt. Dabei hatte sie eben erst das Fenster verlassen. Mehrere Stunden hatte sie dagestanden, hatte starr nach ihm Ausschau gehalten.

«Du wolltest doch nur hin- und wieder zurückgehen», sagte sie jetzt.

«Ich bin auch hin- und wieder zurückgegangen», grinste er.

«Du wolltest spätestens um eins zurück sein», sagte sie.

«Und jetzt is' es sechs», sagte er.

«Warum hältst du nicht Wort?»

«Willst du nicht in die Tüte gucken?»

«Du kannst sie da hinstellen», sagte sie. «Du siehst ja, daß ich Staub wische.»

«Ich mag deinen Ton nicht», sagte er.

«Warum ziehst du dich nicht aus?» sagte sie.

«Warum guckst du nicht in die Tüte?»

«Zieh dich aus», sagte sie, sah aber in die Tüte.

Es waren einige Äpfel, ein paar Apfelsinen und eine kleine Traube von blauen Weinbeeren darin.

«Das muß man schon sagen, einen rührenden Alten hast du gekriegt», sagte er und faßte sie unters Kinn.

Sie wich zurück.

«Findest du?... Zieh dich aus, Sören!»

Er tat so, als ob er sie nicht höre, sondern ging um den Tisch herum und fing an zu pfeifen.

«Keine Post?»

«Nein», sagte sie.

Er stellte sich an den Schreibtisch und fing an, in einigen Papieren zu kramen. Er pfiff weiter. Er ging weiter um den Tisch herum. Er ging witzig auf den Absätzen und klatschte dann mit den Zehenspitzen auf.

Sie fuhr fort zu wischen, ohne ihn anzusehen. Als er hinter sie kam, fing er an zu steppen. Er klapperte einen kleinen Wirbel. Das war eine Aufforderung.

«Hörst du nicht?» sagte er, nachdem er den Wirbel dreimal wiederholt hatte.

Aber sie fuhr fort zu wischen, den Rücken zu ihm gekehrt. Da faßte er sie um die Hüften und versuchte, sie am Hals zu küssen. Aber sie gab ihm einen Stoß und rief: «Laß das!»

«Ach so – so heißt das hier», sagte er. «Man ist nicht willkommen zu Hause. Na ja, dann kann man ja wohl wieder gehen.»

Er schnitt eine sehr überlegene Grimasse und bog seinen Körper zurück.

«Dann geht man wohl also ...»

«Bleib!» rief sie und drehte sich schnell um. «Du mußt bleiben!»

Sie sah ihn mit dunklen, verzweifelten Augen an.

Sie war blond und stämmig. Sie war sehr schmuck in ihrem blauen Kleid und ihrer weißen Schürze. Sie hatte volle, starke Arme, ein breites Kinn und einen eigensinnigen Mund. Ihre Freundinnen sagten oft, sie solle Sören «klug» nehmen. Sie verstand, was sie meinten, aber sie vermochte nie die kluge Methode anzuwenden. Sie konnte nie betulich auf ihn eingehen. Sie konnte nicht so tun, als wäre sie zufrieden. Sie konnte nicht vergessen, daß er betrunken war, schlecht gehandelt hatte.

«Gib mir'n Kuß», sagte er.

«Lieber Sören, du weißt, daß ich dein Bestes will. Zieh dich aus!»

«Gib mir'n Kuß», sagte er.

Sie zwang sich und ging zu ihm hin, nahm ihm den Hut ab und streichelte sein Haar. Er hob ihr Kinn hoch und küßte sie. Sie konnte nicht verhindern, daß ihr ein paar Tränen über die Wangen hinunterliefen.

«Warum weinst du?» fragte er. «Ich komm ja nach Hause und bin nett.»

«Du hättest nach Hause kommen sollen, so wie du gesagt hast», sagte sie und strich ihm über die Brust. «Ich hab hier gestanden und gewartet ...»

«Verläßt du dich nicht auf mich?» sagte er.

«Darf ich dir den Mantel ausziehen?»

«Keine Eile.»

«Aber es hat doch keinen Sinn, den Mantel anzubehalten», sagte sie. «Zieh dich aus und leg dich hin und ruh dich aus. Ich werd ein besonders gutes Essen für dich machen.»

«Ich bin nicht hungrig», sagte er.

«Natürlich», sagte sie und wurde wieder bitter.

«Du hast natürlich in der *Runa* gesessen und gegessen und getrunken.»

«Aber jetzt komm ich nach Haus und bin nett», sagte er.

«Wieviel Geld bist du losgeworden?»

Er wich einen Schritt von ihr zurück und war sehr gekränkt. Er schlug mit der Faust auf den Tisch und schrie:

«Wenn ich nach Haus komm und nett bin, will ich frohe Gesichter sehen, sonst geh ich gleich wieder weg. Hast du verstanden?»

«Zieh dir den Mantel aus», bat sie und ging dicht an ihn heran und versuchte ihn auszuziehen, aber er schlug ihre Hände weg.

«Man kommt nach Haus und ist nett, aber man wird mit saurer Miene empfangen», rief er. «Kein Wunder, wenn man sich dünne macht, wenn man sich mit so einer wie dir verheiratet hat. Wenn ich schlechter wäre, als ich bin, würdest du mich kein einziges Mal zu Haus sehen. Aber ich – ich komm nach Haus und bin nett und hab dir Obst gekauft, aber du guckst nicht mal in die Tüte.»

«Ich hab hineingeguckt», sagte sie.

«Aber du hast dich, hol mich der Teufel, nicht bedankt», schrie er.

«Danke schön», sagte sie und reichte ihm die Hand, aber er schlug sie weg.

«Ich seh keine Spur von Dankbarkeit bei dir, verfluchte Heuchlerin», schrie er.

«Wie du willst», sagte sie und fühlte, daß sie keine Kraft mehr hatte.

Ach, dachte sie, wenn ich doch bloß anders

geschaffen wäre! Ich müßte wie Anna sein. Sie lacht und ist froh, wie auch ihr Alter nach Hause kommt. Sie stimmt ihn um und kriegt ihm die Kleider vom Leib und kriegt ihn ins Bett. Manchmal schlägt er sie, aber sie lächelt ihn trotzdem an. Man könnte glauben, daß sie nichts fühlt, aber das tut sie. Sie leidet. Ich kenne sie. Ach, ich müßte so sein wie sie!

Sie ging in die Küche. Er setzte sich den Hut wieder auf. Er setzte ihn keck ins Genick. Die blonden Haare fielen ihm in die Stirn. Sie mochte ihn so schrecklich gern. Sie hätte ihn an sich drücken mögen. Sie hätte ihm erzählen mögen, daß sie sich selbst haßte, nur weil sie nicht leichtfertig war und so, wie er sie haben wollte.

«Man kommt nach Haus und ist nett», sagte er und stellte sich auf die Schwelle zwischen dem Zimmer und der Küche.

«Man kommt nach Haus und ist nett», sagte er wieder.

Er war richtig froh über diese Worte. Obwohl er sie schon mehrmals gesagt hatte, war es, als ob er sie nie zuvor gekannt hätte, fand er. Es gibt keine wahreren Worte!

Sie treffen genau ins Schwarze! dachte er, und er nagelte sie an die Decke, und sie wurden ein Trapez, und er konnte sein ganzes Leben am Trapez aufhängen, und es trug trotzdem.

«Man kommt nach Haus und ist nett», sagte er. «Weißt du, daß ich viel länger unten in der Stadt hätte bleiben können? Ich hätte jetzt verdammt viel Spaß haben können. Statt dessen kommt man nach Haus und ist nett zu einem maulenden Weibsstück. Verflucht noch mal, wie bin ich nett und dumm.»

Sie ging auf und ab in der Küche und wußte nicht, was sie machen sollte.

«‹Bleib du bei uns›, sagte Rickard zu mir, ‹du kommst früh genug nach Haus.› – ‹Nein›, sagte ich, ‹meine kleine Alte wartet auf mich. Ich will zu meiner kleinen Alten nach Hause gehen.› – ‹Stehst du unterm Pantoffel?› schrie Rickard. ‹Denkste, Scheißdreck›, schrie ich. ‹Aber ich mag gern zu Haus sein. Ich mag meine kleine Alte, denn sie ist verdammt prima.› ‹Komm mit zur Gambrinushalle wenigstens›, sagte er. ‹Nein, hör auf›, sagte ich. ‹Ich will nach Haus zu meiner kleinen Alten.› – ‹Du bist schon vertrottelt›, sagte er. ‹Wir werden jetzt gleich verdammt viel Spaß haben. Ich bin einer Pulle Schnaps auf der Spur. Ich bin beinah verdammt sicher, eine Pulle in die Pfoten zu kriegen, noch vorm Abend›, sagte er. ‹Du kannst mit zu mir nach Haus kommen, Sören. Und verflucht noch mal, wir werden einen Teufelsspaß haben bei mir zu Haus›, sagte er. ‹Nein›, sagte ich. ‹Jetzt geh ich nach Haus. Ich will schnell mal eben bei

Berg vorbeigehen und meiner Alten etwas Obst kaufen›, sagte ich. ‹Sie schwärmt so verdammt für Vitamine›, sagte ich, und ich hab nur Gutes von dir gesagt, du verflixtes Weibsstück!»

Sie stand am Herd mit dem Rücken zu ihm.

«Man kommt nach Haus und ist nett», sagte er wieder und war sehr froh darüber, diese Worte gefunden zu haben. Sie hingen wie ein Trapez über seinem Kopf, und er sprang hoch und ergriff das Trapez, und er konnte viele erstaunliche Kunststücke machen.

Er nahm auch eine ganze Menge von Begebenheiten und warf sie hinauf, und das Trapez trug verdammt gut, was er auch hinaufwarf. Manchmal hing er übrigens nur an der einen Seite, aber es trug trotzdem.

«Man kommt nach Haus!» sagte er nur.

Er war mächtig erstaunt darüber, daß er sich zu Hause befand. Es war außerordentlich merkwürdig, daß er da stand, wo er stand.

«Herrgott!» rief er. «Ich hätte mit Rickard gehen können. Der ist'n goldrichtiger Bursche. Ha! Wieviel Spaß hätte man gerade jetzt haben können! Man hätte was von der Pulle abgekriegt und Rickard hätte einem ein Luder ranschaffen können. Man hätte um diese Zeit bei einem verteufelt scharfen Flittchen liegen können. Aber da geht man statt dessen hierher nach Haus.»

«Sören», sagte sie und ging zu ihm hin und legte ihre Hände auf seine Schultern. «Du weißt, daß ich dein Bestes will. Zieh dich aus. Du wirst es morgen nur bereuen, wenn du noch mal in die Stadt gehst. Wenn du schon nicht an mich denkst, so denk an das Geld.»

Er stieß sie weg und hielt sie auf Armeslänge von sich entfernt.

«Wenn ich dich angucke», sagte er, «bin ich mehr und mehr erstaunt, daß ich nach Hause gekommen bin. Verflucht, wie muß ich nett sein! Wenn ich dich angucke, dann wird's mir so recht klar im Kopf, daß ich wohl der netteste Kerl auf der Welt sein muß.»

Sie ließ ihn allein stehen und wußte nicht, was sie tun sollte.

«Verflucht, wie bin ich nett!» schrie er.

Sie wünschte, daß sie lächeln könnte. Sie wünschte, sie könnte mit ihm schäkern. Anna konnte mit ihrem Alten schäkern, wenn er besoffen nach Hause kam. Obwohl es in ihrem Herzen schmerzte, konnte sie lachen und lächeln. Anna war eben eine wunderbare Frau. Soweit konnte sie es nie bringen. Sie konnte nichts leichtnehmen. Sie konnte das, was recht und richtig war, nicht verraten und auch nicht verschweigen. Sie war ein gebundener und unfreier Mensch, das wußte sie, aber sie konnte nichts dagegen machen.

Sie ging in die Speisekammer und sammelte eine Waschschüssel voll Kartoffeln. Dann nahm sie die Schüssel zum Ausguß und fing an, die Kartoffeln zu waschen. Das Ganze war unnötig, denn sie selbst wollte kein Essen haben, und er wollte auch kein Essen haben. Aber es erleichterte sie, etwas zu tun zu haben.

«Man kommt nach Haus und ist nett», sagte er wieder, aber jetzt fühlte er sich nicht so froh wie vorhin.

Er sah umher, und sein Gesicht war beinah leer. Die Worte waren nicht mehr ein Trapez über seinem Kopf. Sie waren ein Zaun zwischen ihm und ihr. Wenn sie doch wenigstens zu schätzen gewußt hätte, daß er nach Haus gekommen war! dachte er. Wenn sie nur die Obsttüte gewürdigt hätte. Wenn sie verstanden hätte, daß er nicht nur Versuchungen unterlegen war, sondern auch eine ganze Menge überwunden hatte, ja, daß er die schwersten überwunden hatte, dann würde er jetzt nicht in Hut und Mantel hier stehen, dann würde er sie jetzt in seinen Armen halten.

«Man kommt nach Haus und ist nett», sagte er.

Aber jetzt bekam er nichts aus den Worten heraus. Er war verzweifelt. Herrgott, dachte er, wie dumm und mißglückt unsere Ehe ist. Wie dumm und mißglückt ich bin. Ich müßte anders sein. Tyra hätte einen anderen Kerl bekommen sollen. Alle sagen, sie ist die prächtigste Frau hier in der Gegend. Die kann wirtschaften! Verflucht noch mal, warum bin ich nicht so prächtig wie sie? Warum kann ich nicht ein bißchen von ihrer Standhaftigkeit bekommen?

Er sah sie an. Sie hatte eine schmutzige, gestreifte Schürze über die weiße gebunden und saß nun auf einem Stuhl mit der großen Schüssel auf dem Schoß. Neben sich auf den Fußboden hatte sie einen weißen Emailleeimer gestellt mit ein bißchen Wasser drin. In der Hand hielt sie einen gelben Kartoffelschäler. Sie hatte schon mehrere geschält. In gleichmäßigen Abständen plumpste eine weiße, schöne Kartoffel nach der anderen in den Eimer. Sie schälte genau, mit dünnen Schalen, und alle schwarzen Augen stach sie mit der Spitze aus. Bald bedeckten die Schalen alle Kartoffeln in der Waschschüssel. Sie mußte immer weiter mit den Händen hineinfahren, um sie zu greifen.

Er stand lange und sah zu. Die Verzweiflung vertiefte sich in ihm. Er konnte sie nicht ertragen, ohne rasend zu werden.

«Man kommt nach Hause und ist nett!» schrie er wieder. «Aber obwohl man nach Hause kommt und nett ist, wird man von einem verfluchten maulenden Weib empfangen, die nichts von einem hält. Ich brauchte nur das Weiße in deinen Augen zu sehen, als ich in die Tür kam, um zu verstehen: Gott, wie dumm ich bin, daß ich zu der nach Haus komm und nett bin.»

Sie schwieg und schälte. Sie verstand jetzt, daß er wieder in die Stadt gehen würde. Er würde weitertrinken und Geld ausgeben und seinen Körper und sein Gewissen zerstören. Er würde mit diesem Rickard nach Hause gehen. Sie würden sich vollaufen lassen und andere Frauen haben.

Oh, es wollte sie zerreißen! Warum war sie nicht anders geworden? Warum konnte sie nicht ihre eigenen Forderungen herunterhandeln, um es ihm recht zu machen?

«Man kommt nach Haus und ist nett!» schrie er. «Aber hier zu Haus kann man nicht sein. Wiedersehn!»

Er beugte sich durch die Türöffnung über den Zaun seiner Worte. Er fühlte, daß er das Äußerste an Niederträchtigkeit erreichte, aber er konnte die verächtliche Grimasse gegen sie und die herabsetzende Gebärde nicht verhindern.

«Wiedersehn, du maulendes Weib!» schrie er.

Er machte kehrt und fing an zu pfeifen. Er ging ein paarmal um den Tisch herum. Dann fing er an zu steppen. Das war zum Abschied.

Sie hatte aufgehört zu schälen. Sie starrte in die Waschschüssel auf die schmalen, schmutzgrauen, gewundenen Schalen. Es kam ihr plötzlich wie ein Gehirn vor, ein Menschengehirn, oder vielleicht das Gehirn Gottes, oder vielleicht das Gehirn des Daseins, das, was da in der Waschschüssel auf ihrem Schoß lag.

Ihre Verzweiflung schloß sich und wurde wie endgültig; gewann eine überpersönliche Reichweite; umfaßte die ganze Wirklichkeit. Nichts konnte sich auf eine sonnigere Seite hinüberretten. Das ganze Fundament war angefressen. Alles erlag der Verzweiflung.

Der Schmerz, der sie ergriff, war beinah betäubend. Er hüllte sie in eine schwarze Wolke ein. Sie wäre vernichtet worden, wenn es weitergegangen wäre, dachte sie hinterher. Sie hätte in seinem grauenvollen Raum nicht existieren können. Weit, weit weg hörte sie Sörens höhnisches Abschiedssteppen. Es starb mehr und mehr und erreichte fast die Ebene der Geräuschlosigkeit.

Da sprang sie plötzlich auf und lief ins Zimmer und warf sich an ihn.

«Sören! Ich habe so furchtbare Angst!» rief sie. «Du mußt mir helfen!»

Sie zerrte an ihm und sog sich an seinem Mund fest.

«Ach, wie ich dich liebe, wie sehr ich dich liebe!» flüsterte sie an seiner Wange. «Verzeih mir. Es ist mein Fehler. Glaub mir trotzdem.

Ich lieb dich so unsagbar. Ich möchte so sein, wie du mich haben willst.»

Er wurde beinah nüchtern. Ein eiskalter Pfahl wurde quer durch ihn hindurchgetrieben. Er war so beschämt, daß er weder schlucken noch atmen konnte. Er fühlte, daß er bald in Tränen ausbrechen würde, wenn sie nicht aufhören würde, solche Worte zu flüstern wie jetzt. Oh! Er hätte sein Leben opfern können, um sie strahlen zu sehen. Er fühlte, daß er alles anderen unwürdig war. Sie zu streicheln, sie zu küssen: all das war unmöglich und unverzeihlich. Er hätte sterben können für sie, nichts anderes würde seine Schuld tilgen.

«Pfeif auf den Lotterkerl», sagte er mit dicker Stimme. «Laß ihn ins Verderben gehen.»

Aber sie zog ihn zur Couch. Es gelang ihr, ihm den Mantel, die Jacke und den Kragen auszuziehen. Sie legten sich und drückten sich aneinander, Stunde für Stunde. Der Schmerz in ihren Seelen löste sich. Er wußte, daß er nicht anders geworden war. Sie wußte, daß sie nicht anders geworden war. Beide wußten, daß das, was heute abend geschehen war, sich wiederholen würde, vielleicht am nächsten Sonnabend, vielleicht an irgendeinem anderen Tag. Aber dieses Wissen war nicht mehr ein Hindernis zwischen ihnen. Im Gegenteil, es ließ sie einander tiefer und voller auskosten.

THADDÄUS TROLL

Dichterlesung in Funzwang

Am frühen Nachmittag kommt Herr K. mit dem Zug in Funzwang (Kreisstadt an der Funz, 56000 Einwohner, 544 m über Meereshöhe, spätgotische Kirche, Textilindustrie, Artilleriekaserne) an. Der «Verein zur Fortbildung» hat ihn eingeladen, aus seinen Werken zu lesen. Er trägt in seinem Köfferchen Nachtutensilien, ein paar noch nicht gedruckte Manuskripte und gebundenen Eigenbau mit sich; im Zug hat er eine Auswahl daraus zusammengestellt, die er am Abend den Funzwanger Kulturinteressenten nahezubringen gedenkt.

Vor dem Bahnhof prallt er auf eine Plakatsäule, auf der ein Anschlag seinen Namen und seine Absicht verlautbart, die in das Wort *Dichterlesung* gekleidet ist, einen Begriff, den er nicht mag, weil es so christlich und stefangeorgisch zugleich nach Erbauung und Verkündigung riecht. Gäste zahlen zwei Mark, Mitglieder des «Vereins zur Fortbildung», Studenten und Militär eine Mark Einlaß.

Herr K. fragt nach dem *Gasthof zum Rößle* (erstes Haus am Platze), ja, das sei etwas abgelegen und das einzige Bahnhofstaxi sei meist unterwegs. Herr K. beschließt, den nässenden Weg zu Fuß zu gehen, ein Sarggeschäft erschreckt ihn, barocke Truhen mit silbernen Beschlägen; im Aushang der *Funzwanger Neuesten Nachrichten* glotzt ihn aus dem lokalen Teil sein Jugendbild an, darunter tut eine Nachricht kund, der Dichter K. weile heute in den Mauern unserer Stadt, die Bevölkerung möge in hellen Scharen dem Ereignis beiwohnen, um das kulturelle Interesse des aufsteigenden Ballungszentrums unter Beweis zu stellen.

Es nieselt, der Tag fühlt sich an wie ein nasses Taschentuch, und Herr K. hat keineswegs Erhabenes im Sinn, eher einen Mittagsschlaf, denn er hat die Nacht zuvor gefeiert, wobei auch Alkohol im Spiele war, das Bett im *Rößle* ist daher höchstes Ziel seiner Wünsche. Am Büfett des Gasthofes verheißt ein Schild «Eigene Schlachtung» nichts Gutes. Schlägt sich hier der Wirt kannibalisch selbst in die Pfanne? Gibt sich gar die Wirtin für einen Menschenschmorbraten her oder hin? Man fragt ihn nach seinen Wünschen, er bittet zunächst um ein ruhiges Zimmer, eine schlachtreife Dame entgegnet ihm, der «Verein zur Fortbildung» habe aber nur ein ganz einfaches Zimmer für ihn bestellt, er wagt nicht, eventuellen zusätzlichen Komfort zu fordern und aus eigener Tasche zu bezahlen, man weist ihm einen Raum zu, den auf der einen Seite der Lift, auf der anderen die Toilette flankieren, unter dem Zimmer befindet sich die Küche. Herr K. packt sein Köfferchen aus, stellt verdrossen fest, daß er den Rasierapparat vergessen hat, zieht sich aus und dämmert dem erwünschten Mittagsschlaf entgegen.

Diese Absicht wird vom Telefon unterbrochen, aus dem sich eine Dame namens Herta meldet, die behauptet, Herrn K. vor Jahrzehnten nahegestanden zu haben, sie sei hier verheiratet, ihr Mann bekleide ein gehobenes Amt bei der Stadtverwaltung und dürfe nicht wissen, wie schön Herr K. in seinen Werken die gemeinsame Liebe habe anklingen lassen, und ob er nicht zum Abendessen kommen wolle. Herr K. stammelt etwas von innerer Sammlung, die er vor einer Lesung benötige, von daraus resultierender Ungeselligkeit und der Unfähigkeit, seinem Magen zu diesem Zeitpunkt kulinarische Köstlichkeiten zuzuführen, man könne sich ja nach der Lesung im Kreis anderer Interessenten im *Rößle* treffen. Herta, an die sich Herr K. nur verwaschen und ohne jedes Lustgefühl erinnert, ist zufrieden.

Herr K. vergleicht sich jetzt selbst mit Spitzwegs armem Poeten, er greift zu *Theater heute*, allerlei Unverständliches wie Tiefsinniges darin ermattet ihn so, daß er eindämmert, bis ihn Kinderstimmen wecken, sie brechen in Gesang aus, eine Kapelle verbreitet Fröhlichkeit. Herr K. sucht die wächsernen Kugeln, die er für solche Fälle parat hat, um sie in die Ohren zu stopfen, aber sie vermögen nicht dem fröhlichen Lärm den Eintritt zu verwehren, er kleidet sich an, erfährt unten, daß heute im *Rößle* der traditionelle und beliebte Kinderfasching stattfinde, worauf er beschließt, die Stadt zu besichtigen.

Leider ist die Stadtkirche evangelisch und daher geschlossen. Herr K. bestaunt statt des Schnitzaltars die kolorierten Standfotos eines Films über Liebestechnik, er bummelt durch einen Supermarkt, kauft allerlei unnütze Knöpfe und tut sich schließlich im *Café Funzblick* einen ungewohnten Pfirsich Melba neben der Lektüre der Lokalzeitung an. Im *Rößle* ist inzwischen der Kinderfasching abgeebbt, die Küche schickt eine Geruchsspeisekarte ins Zimmer, dennoch gelingt es Herrn K., noch ein wenig zu entspannen und vor sich hinzudösen.

Um halb acht Uhr zieht er ein weißes Hemd und eine dezent gemusterte Krawatte an und macht sich auf den Weg zur Zeppelin-Oberschule, wo er sich zur Schau stellen muß. Sie ist etwas außerhalb des Ortes, dennoch teilen kleine Gruppen mit ihm den Weg, Herr K. hat das solidarisierende Gefühl, sich im Strom seiner Leser zu bewegen. Bedauernd konstatiert er in der

Zeppelin-Oberschule, daß der Strom dem Musiksaal zustrebt, wo ein Lichtbildervortrag über die Gletscherwelt Südtirols bevorsteht, während der Bastelsaal, in dem seine Lesung stattfindet, nur eine traurige Versammlung zweckentfremdet leerer Stühle vorweist. Ein Herr tritt ihm entgegen, er sieht aus, als habe der Ruhestand seine Aussicht auf die Ewigkeit intensiviert, er stellt sich als Vorsitzender des «Vereins zur Fortbildung» vor, leider sei der Vorverkauf sehr schleppend gewesen, auch der Vortrag des Alpenvereins am gleichen Ort nehme Besucher weg, zudem habe der Lions-Club am Nachmittag eine größere Beerdigung gehabt, deren Folgen sich wohl bis in den späten Abend hinauszögen, und schließlich sei im Fernsehen noch ein Krimi, so daß nur mit einem kleinen, aber desto interessierteren Kreis zu rechnen sei. Ein Büchertisch ist aufgebaut, Herr K. vermißt darauf seine jüngsten Werke, leider habe der Verlag nicht pünktlich geliefert, bedauert die junge Buchhändlerin, obwohl man schon vorgestern bestellt habe. Zwei Personen betreten nun den Saal, wir sind jetzt schon zu fünft, stellt Herr K. fest, der Vorsitzende entschuldigt sich, er müsse jetzt die Gäste begrüßen, man fange hierorts nie vor Viertel nach an. Herr K. weiß nicht recht wohin mit sich, er ergeht sich in den Schulgängen und stellt fest, daß es dort noch genauso nach Schwamm, verregneten Mänteln und Putzmitteln riecht wie in seiner Jugend, er schlägt die Zeit tot und betritt um Viertel nach acht den Saal, der mit immerhin vier Dutzend Interessenten schütter besetzt ist.

Der Vorsitzende bittet ihn, in der ersten Reihe Platz zu nehmen, und besteigt das Rednerpodium, um ihn einzuführen. Er spricht ein paar Sätze: nicht hoch genug anschlagen, dankbares Publikum, echte Aussagen, heimatverbundenes Anliegen, gern bereit, seine Bücher zu signieren. Dann erteilt er dem unter ermunterndem Beifall das Podium betretenden Herrn K. das Wort.

Der fühlt sich hinter dem pädagogischen Katheder etwas fehl am Platz, ein legerer Tisch mit Stuhl wäre ihm lieber gewesen, ein Glas Wasser glotzt ihn ernüchternd an. Er liest zuerst einen leicht faßlichen Text, mit dem er Schmunzeln auszulösen gewöhnt ist, eine Art literarische Lockerungsübung, die ihm Zeit läßt, das Publikum zu betrachten, ein paar Damenhüte von verschämter Kühnheit, blasse alte Herren, viele Brillen, Damen, die aussehen, als ob sie caritativen Berufen nachgingen, ein paar jugendliche Bärte, die werden doch keinen Rabatz machen: ein Publikum, von dem zu befürchten ist, daß es unter dem sanften Druck von Telefongesprächen des Vorsitzenden herbeigeströmt ist, mehr von der gesellschaftlichen Pflicht als vom Vergnügen zusammengewürfelt, wie es Herrn K. scheint, der nun mit ein paar scherzhaften Worten – die mit einigem Befremden hingenommen werden, denn einen scherzenden Dichter ist man nicht gewöhnt – zu seiner frühen Lyrik greift und damit Emotionen weckt, so etwas wie Rührung kommt auf, Herrn K. ist das unbehaglich, denn er weiß, nichts ist leichter, nichts ist billiger, als Gefühle zu wecken, er kommt sich wie ein Falschmünzer vor. Er spricht jetzt mit seinem Werk ein paar Zuhörer an, ein Mütterchen, das in der ersten Reihe von Müdigkeit heimgesucht wird, in der dritten Reihe einen recht adretten roten Hut, in den Mundwinkeln sitzt ein Krümel Ironie, er richtet das Wort an die Dame, die von des Dichters Werk beeindruckt erscheint. Jetzt entdeckt er in seinem Text einen Druckfehler, statt Ganglien steht da in seinem Gedicht *Gaglein*, zu blöd, und noch niemand hat ihn darauf aufmerksam gemacht. Der Dichter ist so irritiert, daß er sich ein paarmal verspricht, wodurch seine freien Rhythmen zu holpern beginnen. Er schaut auf die Uhr, es ist Viertel vor neun, er spürt, mehr als eine starke Stunde darf er diesem Publikum nicht zumuten. Also greift er zu seinem neuen Roman, noch ungedruckt, eine Montage aus Zitaten, Werbetexten, Wortspielen, Dialekteinsprengseln, Assoziationen, man hat ja nicht umsonst seinen Handke gelesen. Er trägt ganz schlicht vor, aber das Publikum scheint auf der Strecke zu bleiben, er artikuliert stärker, läßt ein wenig Pathos einfließen, setzt Betonungen, sucht den Text faßlicher zu gliedern. Schließlich fällt das Wort *Scheiße*, Signal des Progressiven, es aktiviert die Zuhörer, sicher hört man es in der Zeppelin-Oberschule nie im Deutschunterricht, höchstens in den Pausen, auch im «Verein für Fortbildung» hat es noch kein Dichter gebraucht, Gelächter meldet sich an, nein, so einer, das Publikum scheint gespannt, was da noch kommen wird, einen Tabubrecher haben wir da nach Funzwang bekommen, auch das Mütterchen ist erwacht, die Stimmung für den weiteren Verlauf des Abends scheint günstig.

Herr K. schichtet Denkformen, erhellt das Bewußtsein, stabilisiert Disharmonie, lotet Tiefe und genießt jetzt seinen eigenen Text wie Haschisch. Aber nach weiteren zehn Minuten sind die Wirkungen des aktivierenden Worts dahin, das Mütterchen ist wieder eingenickt, ein größerer Bakterieneinbruch scheint stattgefunden zu haben, Hüsteln, Husten, nur der rote Hut in der dritten Reihe hängt noch am Munde des Dichters, der nun bemerkt, er werde zum Schluß kommen, was die Zuhörer wieder munterer macht: was macht man jetzt mit dem angebrochenen Abend, reicht es noch zur Spätausgabe der Tagesschau? Der Dichter schließt mit einem pointenreichen Essay, er endet ziemlich abrupt, der Beifall ist erleichtert und freundlich, er überredet ihn zu einer Zugabe, das hätte er nicht tun sollen, das Publikum wird wieder unruhig, der Dichter überlegt seinen Abgang, jetzt aus dem Saal gehen, nein, er muß ja noch signieren, in die erste Reihe setzen, dann denken die womöglich, er mache nur Pause. Freundlicher Beifall, der Vorsitzende steht auf, drückt ihm die Hand, nimmt ihm die Sorge, indem er ein Schlußwort spricht: Tiefe des Gehörten, großes Erlebnis, Wesentliches nach Hause tragen, denen mitteilen, die unbegreiflicherweise nicht erschienen, nächster Abend in vier Wochen ein Lichtbildervortrag über vorschulische Aufklärung, Ende.

Das Mütterchen erschreckt ihn mit der Vermutung, sicher sei sie derselbe Jahrgang wie er, naht sich Herrn K., eröffnet ihm, sie sei auch im gleichen Ort geboren, und bittet um Signierung eines Buches. Er weiß nicht recht wo, geht wieder ans Katheder, schreibt seinen Emmerich K. ins Buch; um den Büchertisch bildet sich eine Gruppe, eine kleine Schlange vor dem Pult, man steht um Herrn K.s Namen an, das tut wohl, auch der rote Hut ist darunter. Er schreibt, lächelt an, man macht ihm Komplimente, bedankt sich, er sei wirklich erhebend gewesen, nun ist der rote Hut an der Reihe, Herr K. faßt sich ein Herz, ein Kreis Interessierter treffe sich noch im *Rößle*, ob Lust? Ja schon, aber... Die Erklärung wird von einem in der Seelsorge tätigen Herrn abgeschnitten, der Herrn K. einen umständlichen Traum schildert, der sicher Stoff für einen christlichen Roman sei. Der rote Hut postiert sich unschlüssig im Mittelgang, Herr K. meint aus der Haltung schließen zu können, daß gegen eine Begegnung im *Rößle* keine Abneigung bestehe, aber der Seelsorger ist verbal arg ausschweifend, die Dame vom Büchertisch bringt Liegengebliebenes, Ladenhütendes und bittet um vorsorgliche Signierung, inzwischen hat sich der Saal geleert, nur der Vorsitzende ist geblieben, um den Dichter ins *Rößle* zu begleiten. Dort ist schon ein ganzer Tisch versammelt, leider ist der rote Hut nicht dabei, dafür Herta, die Jugendfreundin, mit einem zu Recht auf Diät gesetzten Gatten, dann noch ein Schulkamerad, der, weil früh und oft durchgefallen, es in Funzwang zu großem Reichtum gebracht hat, Herrn K. wird ein Ehrenplatz zugewiesen, seine Umgebung wird bedient, während er ärgerlich lange auf das wohlverdiente Glas Wein warten muß, während man ihm Geschichten aus seinen Werken erzählt, die ihm inzwischen fremd geworden sind, und um Ausdeutung bittet; Vorschläge für neue Werke macht und ihm Schnurren und Sagen aus der näheren Heimat erzählt. Es bleibt Herrn K. nichts anderes übrig als zum Gegenangriff überzugehen und Anekdoten zu verplaudern, die man ihm daheim in der Familie übelnimmt, weil er sie dort schon zu oft erzählt hat.

Der Abend wird anregend beschlossen. Herr K. trinkt mehrere Schoppen, man freut sich, einen Dichter im Kreis zu haben, Herta drückt ihm verstohlen die Hand und deutet, für ihn nur noch schwer verständlich, Vergangenes an.

Obwohl er sich den Luxus des Ausschlafens gönnen wollte, sieht man den unrasierten Herrn K. schon am frühen Morgen auf dem Bahnsteig stehen. Lift und Toilette wurden schon zwischen Tag und Tau rege benützt, auch das Anbraten der eigenen Schlachtung ward schon zu früher Morgenstunde ruchbar. Herr K. friert, streicht über das kratzende Kinn, hofft keinen Bekannten zu treffen und freut sich auf sein Zuhause.

Virginia Woolf

Der Scheinwerfer

Das gräfliche Palais aus dem achtzehnten Jahrhundert war im zwanzigsten in einen Klub verwandelt worden. Und wenn man drin in dem großen Säulensaal unter der Lichterflut der Kronleuchter diniert hatte, war es angenehm, auf den breiten Balkon hinauszugehn, von dem man den St. James' Park überblickte. Die Bäume waren schon dicht belaubt, und bei Mondschein hätte man die rosa und cremefarbenen Kokarden der Kastanien sehen können. Aber es war eine mondlose Nacht und sehr warm, nach einem schönen Junitag.

Mr. und Mrs. Ivimey und ihre Gäste saßen kaffeetrinkend und rauchend auf dem Balkon. Wie um sie alle der Notwendigkeit des Sprechens zu entheben, sie, ohne daß sie selbst sich anstrengten, zu unterhalten, kreisten schlanke Lichtstäbe am Himmel. Es war noch im Frieden; eine Übung der R.A.F.: Suche nach feindlichen Flugzeugen. Jetzt hielten die Strahlen inne, stocherten eifrig in einem verdächtigen Himmelswinkel, kreisten wieder wie die Flügel einer Windmühle, tasteten wie ungeheure Insektenfühler, um hier die leichenhafte Steinfront eines

Hauses zu enthüllen, dort eine Kastanie mit allen Blüten schon im Sattel, und dann traf das Licht plötzlich genau den Balkon, und eine kleine Scheibe leuchtete eine Sekunde lang grell auf – vielleicht ein Spiegel aus dem Handtäschchen einer Frau.

«Seht doch!» rief Mrs. Ivimey.

Der Strahl wanderte weiter. Sie waren wieder im Dunkeln.

«Ihr werdet nie erraten, woran mich das erinnert hat!» fügte sie hinzu. Natürlich fingen sie alle an zu raten.

«Nein, nein, nein.» Sie widersprach. Niemand könne es erraten; nur sie allein wisse es, könne es wissen; sie sei doch die Urenkelin dieses Mannes. Von ihm habe sie die Geschichte. Welche Geschichte? Sie wolle versuchen, sie zu erzählen, wenn es den andern recht sei. Es sei noch Zeit genug vor dem Theater.

«Aber wo soll ich anfangen?» Sie überlegte. «Im Jahr 1820? ... Damals ungefähr muß mein Urgroßvater ein junger Mensch gewesen sein. Ich bin selbst nicht mehr jung» – nein, aber sie war eine gute Erscheinung und noch immer schön – «und er war schon ein sehr alter Mann, als ich ein Kind war – als er mir die Geschichte erzählte. Er war ein sehr stattlicher alter Mann, mit seinem dichten weißen Haarschopf und den blauen Augen. Er muß sehr hübsch gewesen sein, als er jung war, aber wunderlich. Das war nur natürlich», erklärte sie, «wenn man bedenkt, wie sie da lebten. Die Familie hieß Comber. Und die Combers hatten einst bessere Zeiten gesehn. Sie hatten zum Landadel gehört, hatten ein großes Gut besessen, oben in Yorkshire. Aber als er jung war, war nur noch der Turm übrig. Und das Haus – das war nur ein kleines Farmhaus in Wirklichkeit, mitten in den Feldern. Wir waren einmal dort und stöberten darin herum, vor zehn Jahren. Wir mußten den Wagen zurücklassen und durch die Wiese gehn. Es führt keine Straße zum Haus. Es steht ganz allein, das Gras wächst bis an die Tür ... Die Hühner scharrten herum und liefen ein und aus in den Zimmern. Alles war verfallen und verwahrlost. Ich erinnere mich noch, wie plötzlich vom Turm ein Stein herabfiel.» Sie machte eine kleine Pause. «Und da lebten sie», fuhr sie fort, «der alte Mann, die Frau und der Junge. Sie war nicht mit ihm verheiratet, und sie war auch nicht die Mutter des Jungen. Sie war einfach eine Bauernmagd, ein Mädel, das der Alte zu sich genommen hatte, als seine Frau gestorben war. Vielleicht mit ein Grund, daß niemand mit ihnen verkehrte – daß alles dort in Verfall geriet. Aber ich erinnere mich noch an das Wappen über der Tür und an die Bücher. Alte Bücher, halb verschimmelt. Alles, was er wußte, hatte er aus Büchern. Er las und las, so erzählte er mir, in diesen alten Büchern, Büchern, aus denen Landkarten heraushingen zwischen den Seiten. Er schleppte sie hinauf in das oberste Turmzimmer – die durchgebrochene Treppe ist noch da und das Greifseil an der Mauer. Und ein Stuhl steht noch dort oben, ohne Sitz, in der Fensternische; und das Fenster schwingt auf und zu, und die Scheiben sind zerbrochen, – und eine Aussicht über die Hügel, meilenweit ... »

Sie hielt inne, als stünde sie dort oben im Turm und sähe aus dem Fenster, das in den Angeln schwang.

«Aber das Fernrohr», sagte sie, «konnten wir nicht finden.» Das Tellergeklapper in dem Speisesaal hinter ihr wurde lauter. Aber Mrs. Ivimey, hier auf dem Balkon, schien verwundert zu sein, weil sie das Fernrohr nicht finden konnte.

«Warum sollte eins dort gewesen sein?» fragte jemand.

«Warum? Aber wenn dort kein Fernrohr gewesen wäre», sagte sie lachend, «säße ich doch jetzt nicht hier.»

Und gewiß saß sie jetzt hier, eine Frau in vorgeschrittenen Jahren, von guter Erscheinung, mit etwas Blauem um die Schultern.

«Es muß dagewesen sein», fuhr sie fort,

«denn er hat mir erzählt, wie er dort am Fenster saß, Nacht für Nacht, nachdem die alten Leute schlafen gegangen waren, und durch das Fernrohr die Sterne betrachtete. Jupiter, Aldebaran, Kassiopeia.» Sie machte eine Handbewegung nach den Sternen hin, die jetzt über den Bäumen hervorkamen. Es war dunkler geworden. Und der Scheinwerfer schien heller über den Himmel zu fegen, um dort und da anzuhalten und die Sterne zu betrachten.

«Dort oben waren sie», fuhr sie fort. «Die Sterne. Und er fragte sich – mein Urgroßvater, der junge Mensch, fragte sich: ‹Was sind sie? Warum sind sie? Und warum bin ich?›, wie man sich fragt, wenn man so dasitzt, ganz allein, und niemand hat, mit dem man sprechen kann, und zu den Sternen aufschaut.»

Sie schwieg. Alle schauten sie zu den Sternen auf, die über den Bäumen aus dem Dunkel hervorkamen. Die Sterne schienen sehr dauerhaft, sehr unwandelbar zu sein. Der Lärm von London versank. Hundert Jahre schienen gar nichts zu sein. Sie hatten alle ein Gefühl, als schaute der junge Mensch mit ihnen zu den Sternen hinauf. Sie waren mit ihm auf dem Turm und betrachteten, über die Hügel hinweg, die Sterne.

Hinter ihnen sagte eine Stimme: «Also schön. Dann am Freitag.»

Alle wandten sie sich um, rückten sich zurecht, mit einem Gefühl, als wären sie wieder auf den Balkon heruntergefallen.

«Oh – aber es war niemand da, der das zu ihm hätte sagen können», murmelte sie. Das Paar stand auf und entfernte sich.

«Er – er war ganz allein», fuhr sie fort. «Und es war ein schöner Sommertag. Ein Tag im Juni. Einer dieser vollkommenen Sommertage, an denen alles stillzustehn scheint in der Hitze. Unten im Hof pickten die Hühner; der alte Gaul stampfte im Stall; der Vater war über seinem Glas eingenickt. Die Frau scheuerte Eimer in der Spülküche. Vielleicht fiel ein Stein vom Turm herab. Der Tag schien kein Ende zu haben. Und er hatte niemand, zu dem er sprechen konnte – und hatte gar nichts zu tun. Die ganze Welt lag vor ihm ausgebreitet. Das Auf und Ab der Hügel; der Himmel über den Hügeln; Grün und Blau ins Unendliche.»

In dem ungewissen Licht konnten sie sehn, wie Mrs. Ivimey auf die Brüstung gelehnt dasaß, das Kinn auf die verschränkten Hände gestützt, als schaute sie von einem Turm über die Hügel.

«Nichts als Himmel und Hügel, Himmel und Hügel ins Unendliche», murmelte sie. Dann machte sie eine Bewegung, als schwenkte sie etwas in die richtige Stellung.

«Aber wie sah die Erde aus durch das Fernrohr?» Mit einer schnellen kleinen Bewegung der Finger schien sie jetzt an etwas zu drehn.

«Er stellte es ein», sagte sie. «Er stellte es auf die Erde ein. Er stellte es auf die dunkle Masse von Wäldern am Himmelsrand ein. Er stellte es ein ... bis er jeden Baum sehen konnte ... jeden einzelnen Baum ... und die Vögel ... wie sie aufflogen und sich fallen ließen ... und einen Rauchfaden ... da ... zwischen den Bäumen ... Und dann ... tiefer ... tiefer ... (sie senkte den Blick) ... da war ein Haus ... ein Haus zwischen den Bäumen ... ein Farmhaus ... jeder Ziegelstein war zu sehn ... und die grünen Kübel rechts und links der Haustür ... mit Blumen darin, blauen und rosaroten, vielleicht Hortensien ... » Sie hielt inne ... «Und dann trat ein Mädchen aus dem Haus ... sie hatte etwas Blaues um den Kopf ... und sie stand da ... und fütterte die Vögel ... Tauben ... sie kamen und flatterten um sie herum ... Und dann ... Schau! ... Ein Mann ... Ein Mann! Er kommt um die Ecke. Er umarmt sie! Sie küssen einander ... küssen einander.» Mrs. Ivimey öffnete und schloß die Arme, als küßte sie jemand. «Es war das erstemal, daß er einen Mann eine Frau küssen sah – und durch sein Fernrohr – über alle die Hügel – Meilen und Meilen weit weg!»

Sie schob etwas von sich – offenbar das Fernrohr. Und saß nun aufrecht.

«Da lief er die Wendeltreppe hinunter. Er lief durch die Wiesen. Er lief die Heckenwege entlang, auf die Landstraße hinaus, durch den Wald. Er lief Meilen und Meilen, und grade als die Sterne über den Bäumen erschienen, erreichte er das Haus...»

Sie hielt inne, als sähe sie ihn.

«Und dann, und dann ... Was tat er dann? Was sagte er? Und das Mädchen ... » drängten sie alle.

Ein Lichtstrahl fiel auf Mrs. Ivimey, als hätte jemand die Linse eines Fernrohrs auf sie eingestellt. (Es war die R.A.F. auf der Suche nach feindlichen Flugzeugen.) Sie war aufgestanden. Sie hatte etwas Blaues um den Kopf. Sie hielt die Hand vorgestreckt, als hielte sie eine Tür offen, ganz erstaunt.

«Ach, das Mädchen ... das war doch –» sie zögerte, als hätte sie sagen wollen «ich selbst», und sagte dann, als wäre es ihr eingefallen, sich verbessernd: «das war doch meine Urgroßmutter.»

Sie wandte suchend den Blick. Ihr Umhang lag auf dem Stuhl hinter ihr.

«Aber erzählen Sie uns doch – was war mit dem andern Mann, dem Mann, der um die Ecke kam?» wurde sie gefragt.

«Der Mann? Oh, der!» murmelte Mrs. Ivimey und bückte sich, nach ihrem Umhang tastend (der Scheinwerfer war von dem Balkon weggeglitten).

«Der – der verschwand vermutlich.»

«Das Licht», fügte sie hinzu und suchte ihre Sachen zusammen, «fällt immer nur so auf einzelne Stellen.»

Der Scheinwerfer war weitergewandert. Er war jetzt auf die glatte breite Fläche des Buckinghampalastes gerichtet. Und es war Zeit, ins Theater zu gehn.

Ferenc Mora

Tilinkó

Dieser Tilinkó war ein furchtbar zerlumpter, alter Zigeuner, aber ich muß ihn euch doch vorstellen, denn er spielte eine große Rolle in meinem Leben.

Jetzt, da ich seinen Namen niederschreibe, sehe ich sein verwittertes Gesicht, seinen zottigen Kopf deutlich vor mir, wie er zur Neujahrszeit bei uns in der Haustür aufzutauchen pflegte.

«Gott bescher', was ihr tschuwenig, und nehm' fort, was ihr tschuviel habt», war sein ständiger Gruß.

«Was soll er bescheren, was soll er fortnehmen, Tilinkó?» fragte meine Mutter ihn dann und suchte den glänzendsten Zwanziger aus ihrem Geldbeutel.

«Er möge den Sommer schicken und den Winter tschurückrufen», sagte der arme Tilinkó zitternd und würde sich zur Tür hereingeschoben haben, wenn meine Mutter ihn nicht mit dem Zwanziger hinausgedrängt hätte. «Geh nur in die Küche, Tilinkó, da ist es so sommerwarm, daß du es mit der Mütze auf dem Kopf nicht aushältst.»

Ins Zimmer konnte man den Alten nicht hereinlassen, denn er nahm alles, was er in die Hand bekam, als Andenken mit. Eines Tages blieb ihm sogar der Weihwasserkessel an den Fingern hängen. Mein Vater zog ihn aus Tilinkós Hemdschlitz.

«Das ist denn doch die Höhe, Tilinkó», schalt mein Vater, «was zum Dunnerlittchen willst du denn damit anfangen? Weißt du überhaupt, was das ist?»

«Gerade darum wollt' ich es ja mitnehmen», erklärte Tilinkó, «damit ich einmal was im Hause habe, wovon ich nich weisch, was es isch.»

Einmal schleppte er eine Deichsel weg. Wir bemerkten es erst, als wir sie auf dem Dach seiner armseligen Lehmhütte aufgepflanzt sahen. Vater packte ihn bei den Ohren und fragte, wozu denn das gut sei.

«Sehen Sie, Herr, ich dachte, warum soll nicht auch ein armer Tschigeuner einen Blitschableiter haben wie die groschen Herren.»

Der Alte war zwar ein großer Spitzbube, aber mein Vater konnte ihn doch 'reinlegen. Einmal bestellte er ihn als Pfingstmusikanten und versprach ihm ein Lamm als Tageslohn.

«Das is tschuwenig», meinte Tilinkó.

«Na, dann bekommst du noch eine Fellmütze dazu.»

«Das geht schon an, und was noch?» Tilinkó sperrte Augen und Ohren auf.

«Kriegst noch ein Pfund Talg, damit du dir Zieselmäuse braten kannst.»

«Das läscht sich hören. Und was noch?»

«Du bist ja unersättlich, Tilinkó», Vater tat, als wäre er ärgerlich, «na, egal, bekommst noch neue Saiten für deine Geige.»

Da machte Tilinkó einen Luftsprung vor Freude, und zu Pfingsten malträtierte er seine Geige, es war ohrenzerreißend. Am anderen Tag kam er, sich das Lamm zu holen, und bekam auch ein gutes, fettes Tier.

«Freust du dich, Tilinkó?» fragte Vater.

«Ja, ja, gewisch», sagte der Alte und kniff die Augen zu. «Und wenn ich erst die Lammfellmütze krieg', werd' ich mich noch viel mehr freuen.»

«Ach so, ja, die hat das Lamm noch an», sagte Vater und lachte.

«Und der Talg?» wollte Tilinkó, mißtrauisch geworden, wissen.

«Den hat es noch in sich.»

Schmollend warf Tilinkó sich das Lamm über die Schulter.

«Nach den Saiten für die Geige frag ich gar nich mehr, die hat das Lamm ja wohl auch noch in sich ... ach, ach, wär' ich doch lieber als Bischof auf die Welt gekommen.»

Aber diesen Spaß schien Tilinkó sehr übelgenommen zu haben, denn er ließ sich lange nicht sehen. Er kam erst, als wir nach ihm schickten. Der Regen hatte den Bewurf von der Stallmauer abgewaschen, und Tilinkó sollte das in Ordnung bringen.

«Ich komme nicht», ließ Tilinkó uns sagen, «hab' mich mit der Arbeit verkracht, und solang ich leb', werd' ich mich auch nich wieder mit ihr versöhnen.»

Als aber das Wetter rauh und ungemütlich wurde, kam er doch herangeschlichen, an einem eiskalten Tag, als Hunderte von Spatzen in der Hecke schilpten und die Lämmer, die Luft schnappen sollten, sich bibbernd in die Strohschober bohrten.

«Musch umkommen, wenn ich nich ein bischchen Strohduft in die Nase bekomme», sagte Tilinkó zähneklappernd.

Vater bedauerte den armen Zigeuner. «Dort ist der Schober, greif dir ein Bündel Stroh zum Heizen heraus.» In die Küche aber rief er, Mutter solle dem Zigeuner einen Krug Glühwein geben, damit er sich wenigstens einmal wie im Himmel fühle.

Tilinkó aber kam gar nicht mehr ins Haus, er verzichtete darauf, sich zu bedanken. Er zog seinen Mantel aus, stopfte ihn voll Stroh und verschwand in der Richtung der Gärten.

Dafür aber kam Mutter außer Atem hereingelaufen.

«Der Zigeuner trägt Stroh fort!»

«Ich hab's ihm erlaubt», versicherte Vater.

«Schön, aber das Stroh blökt», sagte Mutter lächelnd.

Da wurde Vater zornig, lief hinter Tilinkó her und holte ihn zurück. Der beteuerte in einem fort: «Es war mein gutesch Recht, Ihr habt mir das Lamm doch geschenkt, Herr Bauer.»

Wirklich japste ein Lamm im Stroh, das war nicht zu leugnen. Tilinkó machte auch gar keine Anstalten, die Sache zu beschönigen, im Gegenteil, er tat höchst entrüstet.

«Schämst du dich nicht, du Erzschelm? Unterstehst dich, ein Lamm zu stehlen, wenn ich dir erlaubt habe, Stroh zu nehmen?» fuhr ihn Vater an.

Tilinkó erwiderte hoheitsvoll: «Bitte, bitte, das Lämmchen war eben im Stroh wie der Talg und die Geigensaiten im Pfingstlamm.»

«Na, diesmal bist du im Recht, Tilinkó», sagte Vater lachend und hängte dem alten Halunken eine große Speckseite über die Schulter. Von der konnte er den ganzen Winter zehren.

Im Liebesleben wird die komplexe Vielfalt des Wassermann-Typs offenbar. Sinnlichkeit und Empfindsamkeit sind mit seiner Phantasie innig verknüpft. Er liebt einen andern Menschen nicht so, wie dieser in Wirklichkeit ist: in seiner Einbildung verklärt er ihn. Doch sein schwärmerischer Überschwang kann sich mit zunehmendem Alter und dank der Lehrmeisterin Erfahrung legen. Dann erringt er das Vertrauen schlichter Gemüter, vermag ihnen mit seinem Rat zu dienen und findet sein Glück darin, sie zu seinen Idealen emporzuheben.

Das moderne Paar im Zeichen des Wassermanns sucht ein ruhiges Gleichgewicht, ein «relatives Glück». In diesem Zeichen zählt die «freie Liebe». Sie entspricht dem Herzensbedürfnis des Typs, denn der Wassermann mißachtet die gesellschaftlichen Regeln und die Vorschriften der Religion.

Feste Bindung bedeutet ihm Qual. Der Ring am Finger – wenn er ihn überhaupt trägt – verliert seinen Symbolwert, so glaubt er zumindest. Seine erste Liebesglut kann er mit eisiger Kälte, ja schillernder Grausamkeit tarnen. Als Gefangener einer unglücklichen Liebe denkt er allein daran, sich zu befreien. Als Ehemann schreckt er dann auch vor der Scheidung nicht zurück. Er verficht im Grunde die Kameradschafts- und Freundschaftsehe, die jedem Partner volle Freiheit läßt – oder auch eine geistige Liebe, die auf ideeller Gemeinschaft und geistigem Austausch beruht.

Typisches Beispiel der Liebe eines reinen Wassermanns bleibt Mozart. Die große Leidenschaft seines Lebens war Aloisia Weber. Mit zweiundzwanzig Jahren hat sich ihr Bild tief in seine Seele gesenkt. Doch dieses Bild, dem er in langer Abwesenheit weitere edle Züge verleiht, schlägt Aloisia, ein kleines Ungeheuer, rasch in Stücke. Der Schmerz öffnet ihm die Augen. Der Jugendtraum ist zerbrochen, doch Mozart gewinnt jetzt Befreiung und Erlösung. Sein Werk ist größtes Zeugnis.

Der Wassermann muß zunächst ein Vertrauensklima schaffen, ehe er sich einer Frau nähert. Er will ihre Achtung erringen; Geringschätzung des Weiblichen mißfällt ihm. Er tritt denn auch nicht als «Frauenheld» auf, nach Art des Siegers. Liebe zählt für ihn nur als freie und spontane Zustimmung, abseits jeder Berechnung und jedes Zwangs. Das setzt zumindest Gleichberechtigung der Partner voraus. Dabei wird die Geliebte gerne überschätzt.

Ist der Wassermann ein angenehmer Lebensgefährte? Solange er seinen Traum der großen Liebe träumt, wohl kaum. Seine Partnerin soll dann Inbegriff aller Frauen sein: die leidenschaftliche Geliebte, die zärtliche Frau, die getreue Freundin, die Kameradin, die auch seinen ausgefallensten Launen stets willig Gefolgschaft leistet.

Ihm gefällt die Frau, die alles zugleich liebt: Bereitschaft zu plötzlichem Wandel, Sorge für diskreten Komfort, Verzicht auf Beeinflussung. Die Frau, die einen Wassermann geheiratet hat, muß lächelnd die Einladung zu Spaziergang und Abendbrot im Restaurant annehmen, auch wenn sie zu Hause die Speisen längst gar gekocht hat. Sie darf kein unerwartetes und obendrein unnützes Geschenk ablehnen, selbst wenn sie sich etwas Zweckdienliches seit langem gewünscht hat. Sie darf sich nicht wundern, wenn er unverhofft mit seinen besten Freunden, die auch die ihren zu sein haben, spätabends nach Hause kommt, dieweil sie eigentlich gemütliche Zweisamkeit erwartet hatte. Geld- und Haushaltsgespräche fallen ihm lästig; die kluge Frau zieht die Lehre daraus.

Doch er besitzt auch unschätzbare Tugenden. Er unterscheidet Liebe von Selbstliebe. Nichts ist törichter in seinen Augen als die lächerliche männliche Überheblichkeit über die

Frau. Die schwersten Probleme lassen sich daher mit ihm vergleichsweise spielend lösen.

Der weibliche Wassermann entspricht dem Typ der modernen Frau, für die die Emanzipation des schönen Geschlechts kein leeres Wort bedeutet. Sie scheut sich denn auch nicht, eher ungewöhnliche Liebespfade einzuschlagen. Man denke etwa an Colette und an die Schlagersängerin Juliette Greco. Dabei empfindet sie durchaus weiblich und reagiert auf äußere Reize sehr empfindlich.

Ihr männliches Ideal ist der Heros, der Held großer Taten. Sie liebt, soweit sie bewundert. Keine treuere Verbündete, wenn ein Mann «etwas werden» will! Sie unterstreicht seine Talente, seine Fähigkeiten, sie erahnt seine Möglichkeiten fast mit instinktiver Sicherheit.

Die Gefahr, die dem jungen Wassermann beiderlei Geschlechts droht, liegt darin, daß er ein Wesen anhimmelt und idealisiert, das der Verherrlichung nicht würdig ist. Alles Übel kommt daher, daß er die Menschen höher wertet, als sie tatsächlich sind. Ein Bruch zwischen Ideal und Wirklichkeit führt zwangsläufig zu tiefer Enttäuschung – die Ursache vieler Ehescheidungen. Erste Liebesregungen sind daher besonders kritisch zu beachten. Nur keine Überstürzung! Verräterisch bleibt sein Herz allzumal.

Der WASSERMANN und die anderen Zeichen

Wassermann und Widder
gute Kombination im Hinblick auf ein gemeinsames Ideal.

Wassermann und Stier
Antipoden in der Welt der Gefühle. Der eine möchte die Sinnlichkeit vergeistigen, der andere wurzelt tief in der Welt der Triebe.

Wassermann und Zwillinge
ziehen sich oft gegenseitig stark an. Zusammen streben sie nach einem gemeinsamen Ideal. Meist ungefährdete Harmonie.

Wassermann und Krebs
zwei Typen voller Phantasie und Vorstellungskraft. Die Möglichkeit günstiger Verbindung zwischen beiden ist unbestreitbar, wenn auch ihre Gefühlsreaktionen verschieden sind.

Wassermann und Löwe
gegenseitige Ergänzung und Opposition zugleich. Eine Verständigung, ein fruchtbarer Kontakt ist nur möglich, wenn der Wassermann sich dem Löwen unterordnet. Andernfalls stehen sie zueinander wie Hund und Katze.

Wassermann und Jungfrau
Gemeinsamkeit in Fragen der Forschung und der Bildung. Sie sind verschieden geartet: Sympathie zwischen ihnen nur im Geistigen.

Wassermann und Waage
harmonisches Einvernehmen. Jedes der beiden Zeichen trägt zu gemeinsamer sozialer Aufgeschlossenheit und herzlicher Großzügigkeit bei.

Wassermann und Skorpion
gewissermaßen «Engel» und «Tier». Stärkste Unterschiede in Geschmacks- und Geistesproblemen. Freude an gegenseitiger Herausforderung.

Wassermann und Schütze
unmittelbare Eintracht dank stark idealistischen Neigungen. Beide wirken dank Großmütigkeit und Menschlichkeit günstig aufeinander. In langer Gemeinschaft besteht Gefahr, daß beide ihren Idealen abtrünnig werden.

Wassermann und Steinbock
saturnische Verwandtschaft. Einvernehmen im Blick auf Selbstverleugnung im Dienste von «Ewigkeitswerten».

Wassermann und Fische
Ideal im Dienste an der Gemeinschaft.

Aus: André Barbault, Charakter und Schicksal des Menschen im Tierkreis.

ROALD DAHL

Mein Herzblatt

Seit vielen Jahren bin ich gewohnt, ein Mittagsschläfchen zu halten. Ich setze mich in einen Sessel im Wohnzimmer, ein Kissen hinter dem Kopf, die Füße auf einem viereckigen Lederhocker, und lese, bis ich einschlummere.

So hatte ich es mir auch am Freitagnachmittag in meinem Sessel bequem gemacht und genoß die Lektüre eines meiner Lieblingsbücher – Doubleday und Westwoods *The Genera of Diurnal Lepidoptera*, ein Werk über Tagfalter –, als meine Frau, die noch nie zur Schweigsamkeit neigte, vom Sofa aus das Wort an mich richtete. «Du», begann sie, «wann kommen eigentlich diese beiden Leute?»

Ich antwortete nicht, und sie wiederholte die Frage, diesmal erheblich lauter.

Ich teilte ihr höflich mit, daß ich es nicht wüßte.

«Ich finde sie nicht sehr sympathisch», fuhr sie fort. «Und ihn mag ich noch weniger als sie.»

«Nein, Liebes. In Ordnung.»

«Arthur! Ich sagte, sie sind mir nicht sehr sympathisch.»

Ich ließ mein Buch sinken und blickte zu ihr hinüber. Sie lag auf dem Sofa und blätterte in einem Modejournal.

«Wir waren ja erst einmal mit ihnen zusammen», erwiderte ich.

«Ein schrecklicher Mann, wirklich. Erzählte pausenlos Witze oder Geschichten oder was weiß ich.»

«Du wirst schon mit ihnen fertig werden, Liebes.»

«Und *sie* ist nicht viel besser als er. Wann, glaubst du, werden sie kommen?»

«Wahrscheinlich so gegen sechs.»

«Aber findest *du* sie nicht auch gräßlich?» fragte sie und deutete mit dem Finger auf mich.

«Nun ... »

«Sie sind einfach unausstehlich, jawohl, das sind sie.»

«Wir können jetzt kaum noch absagen, Pamela.»

«Sie sind das absolut Letzte.»

«Warum hast du sie dann eingeladen?» Die Frage entschlüpfte mir unwillkürlich und zu meinem größten Bedauern, denn ich habe es mir zur Regel gemacht, meine Frau nie herauszufordern, wenn ich es irgend vermeiden kann. Eine Pause trat ein, und während ich auf Antwort wartete, betrachtete ich das Gesicht meiner Frau – dieses große, weiße Gesicht, in dem etwas so seltsam Faszinierendes war, daß es mir oft nicht gelingen wollte, den Blick davon abzuwenden. Abends, wenn sie an ihrer Stickerei arbeitete oder ihre kniffligen kleinen Blumenbilder malte, straffte sich mitunter das Gesicht und spiegelte eine geheimnisvolle innere Kraft wider, die unsagbar schön war, und ich konnte nichts anderes tun, als es wie gebannt anstarren, während ich vorgab zu lesen. Selbst jetzt, mit dem verdrossenen, bitteren Blick, der gerunzelten Stirn, der ärgerlich gekrausten Nase, hatte diese Frau unleugbar etwas Majestätisches an sich, etwas Grandioses, fast Überwältigendes. Hinzu kam, daß sie sehr groß war, viel größer als ich – obgleich man sie heute, in ihrem einundfünfzigsten Jahr, eher massig als groß nennen müßte.

«Du weißt sehr gut, warum ich sie eingeladen habe», sagte sie in scharfem Ton. «Nur weil sie Bridge spielen, ein erstklassiges Bridge und um einen anständigen Einsatz.» Sie hob den Kopf und sah, daß ich sie beobachtete. «Mehr ist wirklich nicht an ihnen dran», schloß sie, «und du denkst doch genauso, nicht wahr?»

«Hm, natürlich, ich ... »

«Sei nicht albern, Arthur.»

«Ich habe sie ja erst einmal gesehen, aber ich finde, sie machten einen sehr netten Eindruck.»

«Den macht unser Fleischer auch.»

«Bitte, Pamela, Liebes, du darfst nicht ungerecht sein.»

«Hör mal zu», das Modeheft fiel klatschend auf ihren Schoß, «du weißt ebensogut wie ich, was für Leute das sind. Dumme Streber, die sich einbilden, sie könnten überall verkehren, nur weil sie gut Bridge spielen.»

«So wird's wohl sein, Liebes. Ich verstehe nur nicht, warum du sie dann ... »

«Das sage ich dir ja die ganze Zeit – damit wir endlich einmal ein anständiges Bridge spielen können. Ich habe es satt, mich mit Stümpern herumzuärgern. Aber es ist doch wirklich eine Zumutung, diese gräßlichen Leute übers Wochenende im Haus zu haben.»

«Natürlich, Liebes, natürlich. Nur ... ist es jetzt nicht ein bißchen spät ... »

«Arthur!»

«Ja?»

«Warum mußt du mir eigentlich dauernd widersprechen? Du *weißt*, daß sie dir genauso unsympathisch waren wie mir.»

«Ich bin sicher, Pamela, daß du dir keine Gedanken zu machen brauchst. Alles in allem schienen sie doch ein nettes junges Paar mit guten Manieren zu sein.»

«Arthur, übertreibe nicht so maßlos.» Sie sah mich streng an, und um ihrem Blick auszuweichen – diese runden grauen Augen verwirrten mich, wie schon so oft –, ging ich zu der Fenstertür, die in den Garten hinausführte.

Die große, leicht abfallende Rasenfläche vor dem Haus war frisch gemäht, so daß hellgrüne Streifen mit dunkleren wechselten. Drüben, auf der anderen Seite, standen die beiden Goldregensträucher endlich in voller Blüte und hoben sich leuchtend von den Bäumen im Hintergrund ab. Die Rosen und die scharlachroten Begonien waren ebenfalls erblüht, auch meine schönen Lupinen, Federnelken, Akeleien, Rittersporne und die blassen, duftenden Schwertlilien. Einer der Gärtner kam gerade vom Mittagessen zurück. Ich sah das Dach seines Häuschens durch die Bäume und seitlich dahinter das eiserne Gittertor an der Straße nach Canterbury.

Das Haus meiner Frau. Ihr Garten. Wie schön war das alles! Wie friedlich! Ach, wenn Pamela nur etwas weniger um mein Wohlergehen besorgt wäre, etwas weniger dazu neigte, mir – «einzig und allein zu deinem Besten, Arthur» – höchst lästige Entschlüsse aufzuzwingen, dann hätte ich hier den Himmel auf Erden. Mit diesen Worten möchte ich jedoch keinesfalls den Eindruck erwecken, daß ich sie nicht liebe – ich bete die Luft an, die sie atmet – oder daß ich nicht mit ihr fertig werde oder daß ich nicht Herr im Hause bin. Nein, es ist nur so, daß sie mir manchmal ein bißchen auf die Nerven geht. Ihr Benehmen zum Beispiel, ihre etwas manierierte Art – ich wünschte wirklich, sie würde sich gewisse Dinge abgewöhnen. Vor allem mißfällt mir, daß sie mit dem Finger auf mich deutet, sooft sie einen Satz betonen will. Wie ich bereits sagte, bin ich ziemlich klein von Statur, und wenn sich jemand, besonders ein Mensch wie meine Frau, unablässig dieser Geste bedient, dann schüchtert mich das natürlich ein. Manchmal bin ich nahe daran, zu bezweifeln, daß *ich* in unserer Ehe das Regiment führe.

«Arthur!» rief sie. «Komm her.»

«Was ist denn?»

«Ich habe eine wunderbare Idee. Komm her.»

Ich drehte mich gehorsam um und ging zu dem Sofa, auf dem sie lag.

«Paß mal auf», sagte sie. «Wie wär's, wenn wir uns einen kleinen Spaß machten?»

«Was für einen Spaß?»

«Mit den Snapes.»

«Wer sind die Snapes?» fragte ich.

«Herrje, wach doch auf. Henry und Sally Snape. Unsere Wochenendgäste.»

«Ja und?»

«Hör zu. Ich habe hier gelegen und daran gedacht, wie gräßlich sie sind ... er mit seinen

Witzen und sie wie eine Turteltaube ... » Sie lächelte listig, und aus irgendeinem Grunde hatte ich den Eindruck, sie werde etwas Schockierendes sagen. «Nun – wenn sie sich in unserer Gegenwart so benehmen, wie müssen sie dann erst sein, wenn sie miteinander allein sind?»

«Moment mal, Pamela ... »

«Stell dich nicht so an, Arthur. Ich finde, wir sollten uns heute abend einen Spaß machen, einen richtigen Spaß.»

Sie hatte sich ein wenig aufgerichtet, plötzlich strahlend vor Übermut, den Mund leicht geöffnet, und ich sah in ihren runden grauen Augen zwei kleine Funken tanzen.

«Sag doch ja», drängte sie.

«Was hast du denn vor?»

«Na, das ist doch klar. Kannst du es nicht erraten?»

«Nein.»

«Wir brauchen nur ein Mikrophon in ihrem Zimmer aufzustellen.»

Ich gebe zu, ich war auf einiges vorbereitet, aber dieser Vorschlag brachte mich so aus der Fassung, daß ich einfach keine Worte fand.

«Genau das werden wir machen», fügte sie triumphierend hinzu.

«Halt!» rief ich. «Nein. Warte einen Augenblick. So was ist doch unmöglich.»

«Warum denn?»

«Das ist wohl der übelste Streich, von dem ich je gehört habe. Noch viel, viel schlimmer als ... als durch Schlüssellöcher sehen oder fremde Briefe lesen. Aber du hast es ja auch nur im Scherz gesagt, nicht wahr?»

«O nein. Ich meine es ernst.»

Obgleich ich wußte, daß sie keinen Widerspruch vertrug, hielt ich es manchmal für notwendig, mich durchzusetzen, selbst auf die Gefahr hin, ihren Zorn zu erregen. «Pamela», stieß ich scharf hervor, «ich verbiete dir, das zu tun!»

Sie nahm die Füße vom Sofa und setzte sich auf. «Sag mal, Arthur, was glaubst du eigentlich, wer du bist? Wirklich, ich verstehe dich nicht.»

«Das dürfte doch nicht so schwer sein.»

«Lächerlich! Ich weiß, daß du schon viel schlimmere Sachen gemacht hast.»

«Niemals.»

«O doch. Versuch bloß nicht, den Tugendbold zu spielen.»

«Aber so etwas habe ich bestimmt noch nie gemacht.»

«Nicht so hastig, mein Junge.» Ihr Zeigefinger schnellte auf mich zu wie eine Pistole. «Wie war denn das Weihnachten bei den Milfords? Erinnerst du dich? Du hast dich halb totgelacht, und ich mußte dir die Hand auf den Mund legen, damit man uns nicht hörte. Na, was sagst du nun?»

«Das war etwas anderes», verteidigte ich mich. «Es war nicht unser Haus. Und es waren nicht unsere Gäste.»

«Wo ist da der Unterschied?» Sie saß jetzt sehr gerade, starrte mich mit ihren runden grauen Augen an, und ihr vorgestrecktes Kinn drückte tiefe Verachtung aus. «Laß gefälligst die blöde Heuchelei, Arthur. Was ist denn nur plötzlich in dich gefahren?»

«Ganz ehrlich, Pamela, die Sache gefällt mir nicht. Das ist doch eine ausgesprochene Gemeinheit.»

«Nun ja, mein Lieber, ich *bin* eben gemein. Und du auch – im Grunde deines Herzens. Deswegen passen wir ja so gut zusammen.»

«Ich habe wahrhaftig noch nie so einen Unsinn gehört.»

«Aha, du hast dich offenbar plötzlich entschlossen, auf dem Pfad der Tugend zu wandeln. Ja, das ist natürlich etwas anderes.»

«Bitte hör auf, so zu reden, Pamela.»

«Sieh mal», fuhr sie unbeirrt fort, «wenn du wirklich entschlossen bist, dich zu bessern – was in aller Welt soll denn dann aus mir werden?»

«Du weißt nicht, was du sprichst.»

«Arthur, wie könntest du, ein guter Mensch, noch länger mit mir, einem Ekel, zusammenleben wollen?»

Ich setzte mich langsam in den Sessel ihr gegenüber, und sie ließ mich keine Sekunde aus den Augen. Um es noch einmal zu sagen, sie war eine große, stattliche Frau mit einem großen, weißen Gesicht, und wenn sie mich so eindringlich anblickte, wurde ich – wie soll ich mich ausdrücken? – gleichsam von ihr umschlossen, von ihr eingehüllt, als wäre ich in einen riesigen Tiegel Hautcreme gefallen.

«Du willst das mit dem Mikrophon gar nicht machen, nicht wahr?»

«Doch, natürlich. Es wird Zeit, daß wir mal ein bißchen Spaß haben. Komm, komm, Arthur, hab dich nicht so.»

«Es ist nicht anständig, Pamela.»

«Es ist genauso anständig –» wieder schoß ihr Finger auf mich zu – «genauso anständig wie damals, als du diese Briefe, die du in Mary Proberts Handtasche fandest, von A bis Z gelesen hast.»

«Wir hätten das nie tun sollen.»

«*Wir!*»

«Du hast sie nach mir gelesen, Pamela.»

«Es hat ja niemandem geschadet. Das hast du damals selbst gesagt. Und dies hier ist nicht schlimmer.»

«Was würdest *du* sagen, wenn jemand das mit *dir* täte?»

«Dumme Frage. Was ich nicht weiß, macht mich nicht heiß. Also los, Arthur, sei kein Waschlappen.»

«Ich muß mir das überlegen.»

«Hat der große Radioingenieur vielleicht vergessen, wie man ein Mikrophon an den Lautsprecher anschließt?»

«Das ist das leichteste von allem.»

«Na bitte, worauf wartest du noch?»

«Laß mich doch überlegen. Ich sage dir nachher Bescheid.»

«Nachher ist es zu spät. Sie können jeden Moment kommen.»

«Dann lasse ich's bleiben. Sollen sie mich etwa auf frischer Tat ertappen?»

«Wenn sie kommen, bevor du fertig bist, halte ich sie einfach hier unten auf. Da kann gar nichts passieren. Wie spät ist es überhaupt?»

«Kurz vor drei.»

«Sie kommen von London», sagte sie, «und sie sind bestimmt nicht vor dem Mittagessen abgefahren. Du hast also reichlich Zeit.»

«Welches Zimmer wolltest du ihnen denn geben?»

«Das große gelbe am Ende des Flurs. Das ist nicht zu weit weg, nicht wahr?»

«Würde gerade noch gehen, denke ich.»

«Wo wirst du übrigens den Lautsprecher aufstellen?» erkundigte sie sich.

«Ich habe noch gar nicht gesagt, daß ich mitmache.»

«Mein Gott!» rief sie. «Dich kann doch jetzt keiner mehr halten. Du solltest dein Gesicht sehen. Es ist rosarot vor Aufregung, und deine Augen leuchten. Stell den Lautsprecher in unser Schlafzimmer, ja? Los, fang an – und beeil dich.»

Ich zögerte. Das tat ich immer, wenn sie mich herumkommandierte, statt mich freundlich zu bitten. «Mir ist nicht wohl bei der Sache, Pamela.»

Nun sagte sie nichts mehr; sie saß nur da, still und stumm, und sah mich an. Auf ihrem Gesicht lag ein resignierter, wartender Ausdruck, als stünde sie irgendwo Schlange. Ich wußte aus Erfahrung, daß dies ein Gefahrenzeichen war. Sie erinnerte mich an eine dieser Höllenmaschinen, bei denen die Zündung eingestellt ist, und es war nur eine Frage der Zeit, wann sie – peng! – explodieren würde. In der Stille, die im Zimmer herrschte, konnte ich sie beinahe ticken hören.

So stand ich denn schweigend auf und ging in die Werkstatt, um ein Mikrophon und eine Rolle Draht zu holen. Zu meiner Schande muß ich bekennen, daß ich jetzt, seit ich nicht mehr in ihrer Nähe war, eine gewisse Erregung verspürte, ein warmes, prickelndes Gefühl in den Fingerspitzen. Es war nichts Besonderes, wohlgemerkt – überhaupt nicht der Rede wert. Du lieber Himmel, so etwas empfinde ich an jedem Morgen meines Lebens, wenn ich die Zeitung aufschlage und die Kurse, der zwei, drei Aktien überprüfe, von denen meine Frau ein größeres Paket besitzt. Dieser alberne Spaß konnte mich wirklich nicht aus der Ruhe bringen. Aber ich freute mich darauf, das will ich nicht leugnen.

Ich lief die Treppe hinauf, immer zwei Stufen auf einmal, und betrat das gelbe Zimmer am Ende des Flurs. Mit seinem Doppelbett, den Steppdecken aus gelbem Atlas, den blaßgelben Wänden und den goldfarbenen Vorhängen hatte es das saubere, unbewohnte Aussehen aller Gästezimmer. Als erstes hielt ich Umschau nach einem guten Versteck für das Mikrophon. Das war sehr wichtig, denn es durfte ja auf keinen Fall entdeckt werden. Mein Blick fiel auf den Korb mit Brennholz am Kamin. Sollte ich es unter die Scheite legen? Nein – nicht sicher genug. Hinter die Heizung? Auf den Schrank? Unter den Tisch? Keiner dieser Plätze erschien mir günstig. Überall konnte man bei der Suche nach einem verlorengegangenen Kragenknopf oder etwas Ähnlichem auf das Mikrophon stoßen. Schließlich kam mir der überaus kluge

Gedanke, es in den Sprungfedern des Sofas zu installieren. Das Sofa stand an der Wand, am Rande des Teppichs, so daß ich den Leitungsdraht unter dem Teppich bis zur Tür legen konnte.

Ich kantete das Sofa hoch und schob das Material darunter. Nachdem ich das Mikrophon sorgfältig an den Sprungfedern befestigt hatte – natürlich so, daß die Vorderseite dem Zimmer zugewandt war –, führte ich den Draht unter dem Teppich bis zur Tür. Ich arbeitete ohne Hast und ging sehr vorsichtig zu Werke. Auf der Schwelle, dort, wo der Draht nicht mehr vom Teppich verdeckt wurde, schnitt ich eine schmale Furche in das Holz, so daß er nahezu unsichtbar war.

Das alles dauerte natürlich seine Zeit, und als ich auf einmal das Knirschen von Rädern auf dem Kies, das Zuschlagen von Wagentüren und dann die Stimmen unserer Gäste vernahm, hockte ich noch mitten auf dem Flur, wo ich den Draht an der Scheuerleiste befestigte. Mit dem Hammer in der Hand fuhr ich erschrocken hoch, und ich muß gestehen, daß ich von Angst gepackt wurde. Diese Geräusche zerrten gewaltig an meinen Nerven. Ich hatte das gleiche flaue Gefühl in der Magengegend wie damals im Kriege, als ich eines Nachmittags nichtsahnend in der Bibliothek mit meinen Schmetterlingen beschäftigt war und plötzlich am anderen Ende des Dorfes eine Bombe niederging.

Reg dich nicht auf, sagte ich mir. Pamela wird schon dafür sorgen, daß diese Leute nicht heraufkommen.

Ziemlich nervös machte ich mich wieder an die Arbeit, und bald gelangte ich mit dem Draht in unser Schlafzimmer. Hier war es zwar nicht so wichtig, ihn zu verbergen, aber ich durfte mir wegen der Dienstboten keine Nachlässigkeit erlauben. Ich legte also den Draht unter den Teppich und führte ihn unauffällig zur Rückwand des Radios hinauf. Den Anschluß herzustellen war eine rein technische Frage; ich erledigte das im Handumdrehen.

So, fertig! Ich trat einen Schritt zurück und betrachtete das kleine Radio. Irgendwie schien es sich verändert zu haben – kein alberner Kasten mehr, der Töne hervorbrachte, sondern ein bösartiges kleines Geschöpf, das auf der Tischplatte hockte und sich mit einem Teil seines Körpers heimlich zu einem weit entfernten verbotenen Ort vortastete. Ich schaltete den Apparat ein. Er summte leise, gab aber sonst keine Geräusche von sich. Ich nahm meinen Wecker, der laut tickte, und trug ihn in das gelbe Zimmer, wo ich ihn vor dem Sofa auf den Boden stellte. Dann lief ich zu dem Radiogeschöpf hinüber. Tatsächlich, es tickte so laut, als stünde die Uhr im Zimmer – sogar noch lauter.

Ich holte den Wecker zurück, wusch und kämmte mich im Badezimmer, schaffte das Werkzeug fort, und jetzt hinderte mich nichts mehr, die Gäste zu begrüßen. Aber vorher, um mich zu beruhigen und auch, weil ich nicht sozusagen mit bluttriefenden Händen vor ihnen erscheinen wollte, verbrachte ich fünf Minuten bei meiner Schmetterlingssammlung in der Bibliothek. Ich widmete mich einem Glaskasten, der die herrliche *Vanessa cardui* – die ‹gemalte Dame› – enthielt, und machte mir ein paar Notizen zu einem Vortrag über ‹Beziehungen zwischen Farbmuster und Bau der Flügel›, den ich bei der nächsten Sitzung unseres Vereins in Canterbury zu halten gedachte. Auf diese Weise erlangte ich bald meine gewohnte würdevolle Gelassenheit zurück.

Nun ging ich ins Wohnzimmer hinüber. Unsere beiden Gäste, deren Namen ich mir einfach nicht merken konnte, saßen auf dem Sofa. Meine Frau mixte die Drinks.

«Ah, da bist du ja, Arthur», rief sie. «Wo hast du denn nur gesteckt?»

Ich fand diese Bemerkung höchst überflüssig. «Entschuldigen Sie bitte», sagte ich und schüttelte den Gästen die Hand, «ich habe gearbeitet und darüber die Zeit gänzlich vergessen.»

«Wir wissen genau, was Sie gemacht haben», behauptete das Mädchen und lächelte verschmitzt. «Aber wir verzeihen ihm, nicht wahr, Liebster?»

«Ja, ausnahmsweise», antwortete ihr Mann. Ich hatte eine entsetzliche Vision: meine Frau, die ihnen unter schallendem Gelächter haarklein erzählte, was ich oben gemacht hatte. Sie konnte – sie *konnte* mir das doch nicht angetan haben! Ich blickte mich nach ihr um und sah, daß auch sie lächelte, während sie das Meßglas mit Gin füllte.

«Es tut mir leid, daß wir Sie gestört haben», sagte das Mädchen.

Wenn das ein Scherz sein soll, dachte ich, dann geh lieber gleich darauf ein. Ich zwang mich also, ihr Lächeln zu erwidern.

«Aber Sie zeigen uns alles, nicht wahr?» fuhr das Mädchen fort.

«Zeigen? Was?»

«Ihre Sammlung. Ihre Frau sagt, Sie hätten wunderschöne Exemplare.»

Ich ließ mich langsam in einen Sessel sinken und holte tief Luft. Es war lächerlich, so mißtrauisch und nervös zu sein.

«Interessieren Sie sich für Schmetterlinge?» fragte ich.

«Ihre würde ich jedenfalls sehr gern sehen, Mr. Beauchamp.»

Die Martinis wurden herumgereicht, und da wir bis zum Dinner noch gute zwei Stunden Zeit hatten, stand einer gemütlichen Unterhaltung nichts im Wege. Unsere Gäste machten einen ausgezeichneten Eindruck; ich fand, daß sie ein reizendes Paar waren. Meine Frau, die aus einer adligen Familie stammt, ist sehr stolz auf ihre Herkunft und Erziehung, und sie neigt dazu, vorschnell über Fremde zu urteilen, die ihre Bekanntschaft suchen – besonders wenn es sich um hochgewachsene Männer handelt. Sie hat häufig recht, aber in diesem Fall war ich fast sicher, daß sie sich geirrt hatte. Im allgemeinen habe ich auch nichts für hochgewachsene Männer übrig; sie sind meistens anmaßend und besserwisserisch. Aber Henry Snape – meine Frau hatte mir den Namen zugeflüstert – schien ein sympathischer junger Mann mit guten Manieren zu sein, und offenbar war er, wie sich das gehört, bis über die Ohren in Mrs. Snape verliebt. Er sah recht gut aus mit seinem langen Pferdegesicht und den dunkelbraunen Augen, deren Blick sanft und teilnahmsvoll war. Ich beneidete ihn um seinen schönen schwarzen Haarschopf und ertappte mich bei der Überlegung, welches Haarwasser er wohl benutzte. Er erzählte tatsächlich ein paar Witze, aber sie hatten Niveau, und niemand konnte etwas gegen sie einwenden.

«In der Schule», berichtete er, «nannten sie mich Scervix. Wissen Sie, warum?»

«Nein, keine Ahnung», sagte meine Frau.

«Weil unser englisches Wort *nape* im Lateinischen *cervix* heißt.»

Das war sehr scharfsinnig, und ich mußte eine Weile nachdenken, bevor ich die Pointe begriff.

«Welche Schule haben Sie besucht, Mr. Snape?» erkundigte sich meine Frau.

«Eton», antwortete er, und meine Frau nahm das mit einem beifälligen Nicken zur Kenntnis. Jetzt wird sie sich mit ihm unterhalten, dachte ich und wandte meine Aufmerksamkeit unserem anderen Gast, Sally Snape, zu. Sie war ein reizvolles Mädchen mit Busen. Wäre ich ihr fünfzehn Jahre früher begegnet, so hätte sie mich leicht zu einer Dummheit verleiten können. Nun, wie dem auch sei, ich kam sehr gut mit ihr aus und erzählte ihr von meinen schönen Schmetterlingen. Ich beobachtete sie, während ich sprach, und allmählich gewann ich den Eindruck, daß sie in Wirklichkeit gar nicht so heiter und unbekümmert war, wie ich zuerst geglaubt hatte. Sie schien sich gegen die Außenwelt abzuschließen, als hätte sie ein Geheimnis, das sie sorgsam hütete. Der Blick ihrer tiefblauen Augen huschte zu schnell durch den Raum, blieb nie länger als den Bruchteil einer Sekunde auf einem Gegenstand ruhen, und in ihr Gesicht hatte irgendein Kummer zarte, kaum wahrnehmbare Spuren eingegraben.

«Ich freue mich schon auf unser Bridge», sagte ich nach einer Weile, um das Thema zu wechseln.

«Wir auch», erwiderte sie. «Wissen Sie, wir spielen fast jeden Abend, weil es uns soviel Spaß macht.»

«Sie sind äußerst gewandt. Wie kommt es, daß sie so gut spielen?»

«Es ist nur Übung», erklärte sie. «Übung, Übung und nochmals Übung.»

«Haben Sie schon mal an einem Turnier teilgenommen?»

«Nein, aber Henry möchte so gern, daß wir es tun. Wissen Sie, wenn man allen Ansprüchen genügen will, kostet das sehr viel Mühe. Schrecklich viel Mühe.»

Täuschte ich mich, oder schwang in ihrer Stimme tatsächlich eine leise Resignation mit? Ja, dachte ich, das wird es wohl sein: Er treibt sie zu hart an, macht aus dem Vergnügen eine Pflicht, und die Ärmste ist der Sache längst überdrüssig.

Um acht Uhr gingen wir, ohne uns umzuziehen, ins Speisezimmer hinüber. Das Dinner war ein Erfolg, und Henry Snape erzählte uns einige sehr komische Geschichten. Er lobte auch mit großer Kennerschaft meinen 34er Richebourg, was mich sehr erfreute. Als schließlich der Kaffee serviert wurde, stellte ich fest, daß mir die beiden jungen Menschen enorm sympathisch waren, und ich empfand ziemliches Unbehagen wegen dieser Geschichte mit dem Mikrophon. Wenn es sich um gräßliche Leute gehandelt hätte, wäre alles in Ordnung gewesen, aber der Gedanke, zwei so reizenden jungen Menschen einen solchen Streich zu spielen, rief ein starkes Schuldgefühl in mir hervor. Das soll nicht etwa heißen, daß ich kalte Füße bekam. Ich hielt es durchaus nicht für notwendig, das Unternehmen abzublasen. Ich konnte nur nicht die Vorfreude teilen, die mir meine Frau mit verstohlenem Lächeln und Blinzeln und heimlichem Kopfnicken offenbarte.

Gegen halb zehn kehrten wir in heiterer Stimmung und gut gesättigt in das große Wohnzimmer zurück, um unsere Bridgepartie zu beginnen. Da wir um einen ziemlich hohen Einsatz spielten – zehn Shilling auf hundert Punkte –, kamen wir überein, die Familien nicht zu trennen. Ich blieb also die ganze Zeit der Partner meiner Frau. Wir alle nahmen das

Spiel ernst – wer es nicht ernst nimmt, soll lieber die Finger davon lassen –, und wir spielten sehr konzentriert. Bis auf die Ansagen wechselten wir kaum ein Wort. Natürlich ging es uns nicht ums Geld. Weiß Gott, meine Frau hatte genug davon und die Snapes anscheinend auch. Aber unter Experten gehört es sozusagen zum guten Ton, daß um einen anständigen Einsatz gespielt wird.

An diesem Abend waren die Karten gleichmäßig verteilt, doch meine Frau spielte viel schlechter als sonst, so daß wir dauernd verloren. Ich merkte ihr an, daß sie nicht ganz bei der Sache war, und als es auf Mitternacht ging, achtete sie überhaupt nicht mehr auf ihre Karten. Sie blickte mich immer wieder mit ihren runden grauen Augen an, die Brauen hochgezogen, die Nasenflügel eigenartig gebläht, ein kleines hämisches Lächeln in den Mundwinkeln.

Unsere Gegner spielten ausgezeichnet. Ihre Ansagen waren meisterhaft, und während des ganzen Abends machten sie nur einen einzigen Fehler. Das war, als das Mädchen die Karten ihres Partners stark überschätzte und sechs Pik ansagte. Ich verdoppelte, und sie gingen auf drei herunter, was sie achthundert Punkte kostete. Das kann jedem einmal passieren, aber Sally Snape geriet dadurch sehr aus der Fassung, obwohl ihr Mann ihr sofort verzieh, ihr über den Tisch hinweg die Hand küßte und sie bat, sich doch nur nicht aufzuregen.

Gegen halb eins verkündete meine Frau, sie wolle jetzt schlafen gehen.

«Noch einen Robber», schlug Henry Snape vor.

«Nein, Mr. Snape. Ich bin müde. Und Arthur ist auch müde. Ich sehe es ihm an. Machen wir Schluß, das ist für uns alle das beste.»

Sie erhob sich, und wir vier gingen zusammen nach oben. Auf der Treppe wurde, wie es bei solchen Gelegenheiten üblich ist, die Frage des Frühstücks erörtert – was sie haben wollten und wie sie das Mädchen rufen konnten. «Ich glaube, das Zimmer wird Ihnen gefallen», sagte meine Frau. «Man hat dort einen herrlichen Blick auf das Tal, und von zehn Uhr an scheint die Morgensonne herein.»

Wir hatten inzwischen den Flur erreicht und blieben vor unserer Schlafzimmertür stehen. Ich betrachtete verstohlen den Draht, den ich am Nachmittag gelegt hatte und der an der Scheuerleiste entlang zum Zimmer unserer Gäste führte. Obwohl er fast die gleiche Farbe hatte wie der Anstrich, sprang er mir förmlich in die Augen. «Gute Nacht», sagte meine Frau. «Schlafen Sie gut, Mrs. Snape. Angenehme

Ruhe, Mr. Snape.» Ich folgte ihr in unser Zimmer und riegelte die Tür ab.

«Schnell!» rief sie. «Stell es an!» So ist meine Frau immer – besorgt, daß sie irgend etwas verpassen könnte. Bei der Jagd – an der ich nie teilnehme – ist sie stets mit den Hunden vornweg, ohne Rücksicht auf sich selbst und ihr Pferd, damit sie nur ja keinen Abschuß verpaßt. Ich sah ihr an, daß sie nicht gesonnen war, diesen hier zu verpassen.

Das kleine Radio wurde zeitig genug warm, um die Geräusche beim Öffnen und Schließen der Tür zu übermitteln.

«Da! Sie sind hineingegangen.»

Meine Frau stand in der Mitte des Zimmers und lauschte gespannt, die Hände über ihrem blauen Kleid gefaltet, den Kopf vorgestreckt. Das große, weiße Gesicht schien sich gestrafft zu haben wie ein Weinschlauch.

Im nächsten Augenblick drang die Stimme Henry Snapes aus dem Lautsprecher, stark und klar. «Du bist ein gottverdammter kleiner Idiot», sagte er, und seine Stimme war so anders, als ich sie in Erinnerung hatte, so barsch und unangenehm, daß ich zusammenzuckte. «Der ganze verfluchte Abend zum Teufel! Achthundert Punkte – das wären acht Pfund für uns gewesen!»

«Ich bin durcheinandergeraten», antwortete

das Mädchen. «Es wird nicht wieder vorkommen, Henry, das verspreche ich dir.»

«Was ist *das*?» flüsterte meine Frau. «Was geht da vor?» Ihr Mund stand jetzt weit offen, und sie zog die Augenbrauen sehr hoch. Sie stürzte zum Radio, beugte sich vor und legte das Ohr an den Lautsprecher. Ich muß zugeben, daß auch ich ziemlich aufgeregt war.

«Ich verspreche, ich verspreche, es wird bestimmt nicht wieder vorkommen», beteuerte das Mädchen.

«Versprechungen nützen mir gar nichts», sagte der Mann grimmig. «Wir werden es sofort noch mal üben.»

«O nein, bitte! Nicht jetzt! Ich kann einfach nicht mehr.»

«So was hab ich gern», knurrte der Mann. «Erst den ganzen Weg hier heraus, um der alten Schachtel ihr Geld abzuknöpfen, und dann vermasselst du mir die Tour.»

Diesmal war es meine Frau, die zusammenzuckte.

«Und das schon zum zweitenmal in dieser Woche», fügte er hinzu.

«Bestimmt, Henry, es wird nicht wieder vorkommen.»

«Setz dich hin. Ich sage an, und du antwortest.»

«Nein, Henry, *bitte*! Nicht alle fünfhundert.

Dazu brauchen wir mindestens drei Stunden.»

«Na gut, dann lassen wir die Fingerstellungen aus. Ich glaube, die kannst du. Wir machen nur die Grundansagen, die die Honneurs anzeigen.»

«Ach, Henry, muß das sein? Ich bin so müde.»

«Es ist sehr wichtig, daß du sie bis ins letzte beherrschst», erwiderte er. «Du weißt doch, wir haben in der nächsten Woche jeden Abend ein Spiel. Wovon soll denn der Schornstein rauchen?»

«Was ist das?» keuchte meine Frau. «Was in aller Welt ist das?»

«Pst», zischte ich. «Hör zu!»

«Also los», sagte die Stimme des Mannes. «Von Anfang an. Fertig?»

«Ach, Henry, *bitte*!» Sie schien den Tränen nahe zu sein.

«Vorwärts, Sally, reiß dich zusammen.»

Und dann sagte Henry Snape mit völlig veränderter Stimme – mit der, die wir im Wohnzimmer gehört hatten: «*Ein* Kreuz.» Mir fiel auf, daß er das Wörtchen ‹ein› stark betonte und es eigenartig gedehnt, fast singend aussprach.

«Kreuz-As und Kreuz-Dame», antwortete das Mädchen müde. «Pik-König und Pik-Bube. Kein Herz. Karo-As und Karo-Bube.»

«Und wie viele Karten zu jeder Farbe? Achte gefälligst auf meine Fingerstellung.»

«Die wollten wir doch auslassen, hast du gesagt.»

«Nun – wenn du ganz sicher bist, daß du sie kannst ... »

«Ja, ich kann sie.»

Eine Pause. Dann: «Ein *Kreuz.*»

«Kreuz-König und Kreuz-Bube», zählte das Mädchen auf, «Pik-As. Herz-Dame und Herz-Bube. Karo-As und Karo-Dame.»

Wieder eine Pause. Dann: «Ich sage *ein* Kreuz.»

«Kreuz-As und Kreuz-König ... »

«Herr des Himmels!» rief ich. «Das ist ein Code! Er gibt ihr jede Karte bekannt, die er in der Hand hat.»

«Arthur, das kann doch nicht sein?»

«Es ist wie bei diesen Männern im Varieté, die in den Zuschauerraum gehen und sich von irgendwem etwas geben lassen. Die Art, wie sie ihre Fragen formulieren, verrät dem Mädchen, das mit verbundenen Augen auf der Bühne steht, ganz genau, um was es sich handelt – wenn es ein Eisenbahnbillett ist, nennt sie sogar die Station, auf der es gelöst wurde.»

«Das ist doch unmöglich!»

«Keineswegs. Aber es kostet unendliche Mühe, das alles zu lernen. Hör zu!»

«Ich biete *ein Herz*», sagte die Stimme des Mannes.

«Herz-König, Herz-Dame und Herz-Zehn. Pik-As und Pik-Bube. Kein Karo. Kreuz-Dame und Kreuz-Bube ... »

«Außerdem», erklärte ich, «teilt er ihr die *Anzahl* der Karten jeder Farbe durch die Stellung seiner Finger mit.»

«Wie?»

«Keine Ahnung. Aber du hast ja gehört, daß er davon sprach.»

«Mein Gott, Arthur! Bist du sicher, daß es so ist?»

«Ich fürchte, ja.» Ich beobachtete, wie meine Frau zu ihrem Nachttisch ging, um sich eine Zigarette zu holen. Sie zündete sie an, drehte sich dann mit einem Ruck zu mir um und blies einen dünnen Rauchstrahl in die Luft. Mir war klar, daß wir irgend etwas unternehmen mußten, aber ich wußte nicht, was. Wir konnten ja die Snapes nicht beschuldigen, ohne zugleich unsere Informationsquelle preiszugeben. Ich wartete auf die Entscheidung meiner Frau.

«Du, Arthur», sagte sie langsam und blies eine Rauchwolke aus, «das ist eine *phantastische* Sache. Glaubst du, daß *wir* das lernen könnten?»

«Wir?»

«Natürlich. Warum nicht?»

«Halt! Nein! Hör mal, Pamela ... »

Aber da kam sie schon mit schnellen Schritten geradewegs auf mich zu, blieb vor mir stehen, senkte den Kopf und blickte auf mich herab. Um ihre Mundwinkel spielte der vertraute Anflug eines Lächelns, das keines war, die Nase krauste sich, die großen, runden grauen Augen starrten mich mit ihren glänzenden schwarzen Pupillen an, und dann wurden sie ganz grau und alles übrige war weiß, von vielen roten Äderchen durchzogen. Und als sie mich so ansah, streng und aus nächster Nähe – also ich schwöre, daß mir zumute war wie einem Ertrinkenden.

«Ja», sagte sie. «Warum nicht?»

«Aber Pamela ... Du meine Güte ... Nein ... Schließlich ... »

«Arthur, ich wollte wirklich, du würdest mir nicht *dauernd* widersprechen. Genau das werden wir tun. Los, hol ein Spiel Karten; wir fangen sofort an.»

Gustavo Adolfo Becquer

Der Smaragdschmuck

Wir standen schweigend in der Straße San Geronimo vor Durans Gewölbe und lasen den Titel eines Buches von Méry.

Da der wunderliche Titel meine Aufmerksamkeit erregt hatte, sprach ich mit dem Freunde darüber, der mich begleitete, worauf er, sich lässig auf meinen Arm lehnend, ausrief:

«Dieser Tag ist so schön, daß es wohl keinen schöneren geben kann! Gehen wir auf der Fuente Castellana spazieren! Ich werde dir unterwegs ein Histörchen erzählen, dessen Hauptperson ich selbst bin, du wirst sehen, daß du sodann den Titel des Buches nicht nur begreifen, sondern auch auf die einfachste Art von der Welt dir erklären wirst!»

Ich hatte viel Arbeit, aber da ich stets nach einem Vorwande suche, nur, um ja nichts tun zu müssen, nahm ich den Vorschlag an, und mein Freund begann seine Geschichte:

«Es ist noch nicht lange her, daß ich in einer Nacht so durch die Straßen schlenderte, ohne anderen Zweck, als eben um herumzuschlendern. Nachdem ich schon alle Bücher und Bilder in den Auslagen angesehen hatte, suchte ich in

Gedanken vor dem Kaufladen de los Saboyanos Bronzegegenstände aus, womit ich mein Haus schmücken würde, sobald ich eines hätte, und schließlich alle Kunst- und Luxusgegenstände, die den Leuten zum Bestaunen hinter den hellbeleuchteten Kristallfenstern der Läden ausgestellt sind, einer gründlichen Musterung unterwerfend, hielt ich mich noch eine Weile vor dem Samperschen Geschäfte auf.

Ich weiß nicht, wie lange ich dort gestanden hatte, in Gedanken alle liebenswürdigen Damen, die ich kenne, beschenkend, die eine mit einem Perlenhalsband, die andere mit einem Kreuze aus Brillanten, die dritte wiederum mit Ohrringen von Gold und Saphiren. Ich war just in Verlegenheit, wem ich wohl den kostbaren, ebenso reichen als geschmackvollen Smaragdschmuck, der infolge der Schönheit und Reinheit seiner Steine unter allen übrigen Kleinodien zumal die Augen auf sich zog, schenken sollte, und wer ihn auch wirklich verdienen würde, als nahe an meiner Seite eine zarte und süße Stimme, mit einem Ton, der mich augenblicklich aus meinen Träumen riß, ausrief:

‹Oh, was für wunderschöne Smaragde!›

Ich wendete den Kopf nach der Richtung hin, aus der diese weibliche Stimme erklungen war – denn nur einem Weibe konnte eine so einschmeichelnde Stimme gehören – und tatsächlich erblickte ich ein Weib von nie gesehener Schönheit!

Ich sah sie nicht länger als einen Augenblick, aber trotzdem machte ihre Schönheit einen tiefen Eindruck auf mich.

Vor der Tür des Juwelenladens, den sie verlassen hatte, hielt ein Wagen. Begleitet wurde sie von einer Dame – zu jung, um ihre Mutter zu sein, jedoch zu alt, um ihre Freundin darzustellen. Als beide in das Gefährt gestiegen waren, begannen die Pferde zu traben, und ich stand da wie ein Blödsinniger und stierte ihr nach, bis ich sie aus den Augen verloren hatte.

‹Was für wunderschöne Smaragde!› hatte sie gesagt. In der Tat – die Smaragde waren wunderschön! ... Dieses Halsband, um ihren schneeigen Nacken geschlungen, hätte einem Kranze aus den ersten Blättern des Mandelbaumes, mit Tautröpfchen besprengt, geglichen ... und diese Agraffe auf ihrem Busen einer Lotosblüte, die sich auf leichtbewegter Welle schaukelt ... ‹Was für schöne Smaragde!› ... Wünschte sie den Schmuck zu besitzen? ... Und wenn – warum konnte sie ihn *nicht* besitzen!? Sie ist gewiß reich und vornehm. Sie hat ein prachtvolles Fahrzeug, auf dessen Schlage ich – wie mir deucht – ein Adelswappen gesehen habe ... Zweifellos birgt das Leben dieser Dame ein Geheimnis!

Das waren die Gedanken, die mich bewegten, als sie mir aus den Augen entschwand und das Rollen ihres Wagens nicht mehr an mein Ohr schlug.

Und wahrhaftig! Ihr dem Anschein nach so angenehmes und beneidenswertes Leben verbarg ein düsteres Geheimnis.

Ich kann dir nicht sagen, wie, aber ich habe es ausgekundschaftet.

Noch sehr jung wurde sie an einen Wüstling verheiratet, der nach Vergeudung seines eigenen Vermögens in einer reichen Verbindung die bequemsten Mittel suchte, um ein zweites, fremdes durchzubringen.

Dieses Weib, das Muster einer Gattin und Mutter, hatte auch schon dem geringsten ihrer Wünsche, ihrem Töchterlein einen Teil ihres Erbes zu retten, entsagt, um wenigstens nach außen den Namen ihres Hauses auf jener Höhe zu erhalten, die er von altersher in der Gesellschaft eingenommen hatte.

Man spricht oft von den großen Opfern, die einzelne Frauen zu bringen imstande sind. Ich glaube, daß es kein Opfer gibt, das – in Hinsicht auf besondere Charaktereigentümlichkeiten – der Entsagung des brennenden Herzenswunsches gleichen kann, an dem sowohl Eitelkeit als Koketterie Anteil haben.

Von dem Augenblick an, da ich das Geheimnis ihres Lebens gelüftet hatte, bewegten sich alle meine Wünsche, wie es bei den Eigenschaften meines Charakters natürlich ist, in einer einzigen Richtung: jenes zauberhafte Geschmeide zu besitzen und ihr auf eine Weise zu schenken, daß sie es nicht verschmähen könnte, ja, nicht einmal eine Ahnung hätte, aus wessen Hand der Schmuck käme.

Unter vielen anderen Schwierigkeiten, denen ich gleich anfangs begegnete, als ich diesen Entschluß gefaßt hatte, war sicherlich jene nicht die kleinste, daß ich weder wenig, noch viel, sondern überhaupt *gar* kein Geld besaß!

Dessenungeachtet verzweifelte ich nicht an meinem Vorsatze.

Wie Geld verschaffen? – sagte ich zu mir und gedachte der Wunder in ‹Tausendundeiner Nacht›, jener Zauberworte, bei deren Aussprechen sich die Erde öffnete und ihre verborgenen Schätze zeigte; jener Zauberruten, die so mächtig waren, daß, wenn sie einen Felsen berührten, aus dessen Rissen nicht ein Wasserstrom hervorschoß – was ja doch im Vergleich ein geringes Wunder wäre! – sondern ein Strahl von Rubinen, Topasen, Perlen und Diamanten. In Unkenntnis der Worte sowie außerstande, solch eine Rute zu finden, entschloß ich mich endlich, ein Buch zu schreiben und dasselbe zu verkaufen.

Geld aus dem Verlegerfelsen zu schlagen, gehört zwar auch zu den Wundern, aber ich verwirklichte meinen Entschluß.

Ich schrieb ein Buch, das nicht sonderlich gefiel, weil es nur eine einzige Person verstand. Für die übrige Welt war es nur eine Anhäufung von Phrasen.

Ich betitelte dieses Buch *Der Smaragdschmuck* und unterschrieb es bloß mit den Anfangsbuchstaben meines Namens.

Da ich kein Victor Hugo bin, brauche ich dir wohl nicht erst zu sagen, daß man mir für meine Novelle nicht so viel gegeben hat als dem Autor von *Notre Dame de Paris* für seine letzte Arbeit, dennoch besaß ich alles in allem genug, um meinen Plan zu verwirklichen.

Der Schmuck, um den es sich handelte, kostete etwa vierzehn- bis fünfzehntausend Duros, und ich zählte bloß die schöne Summe von dreitausend Realen. Sollte ich ihn erstehen, so blieb mir nichts anderes übrig, als zu *spielen.*

Ich spielte und spielte mit einer solchen Entschiedenheit und einem solchen Glück, daß ich in *einer* Nacht so viel gewann, als ich brauchte.

Was das Spiel betrifft, so habe ich eine Beobachtung gemacht, in der ich von Tag zu Tag immer mehr bestärkt werde. Wenn man nämlich mit der festen Überzeugung zu gewinnen, setzt – so gewinnt man auch! Dem grünen Tisch darf man sich nicht mit Zittern und Zagen nähern, als käme man, um sein Glück zu versuchen, aber mit Festigkeit, wie wenn man etwas abholte, was einem von Rechts wegen gehört!

Ich meinerseits kann sagen, daß mich, wenn ich in jener Nacht verspielt hätte, dies gerade so überrascht haben würde, als wenn irgendein Welthaus sich weigerte, auf eine Anweisung der Firma Rothschild Geld auszuzahlen.

Am anderen Tage eilte ich zu Samper.

Glaubst du, daß ich auch nur einen Augenblick zögerte, dem Juwelier eine Handvoll jener bunten Blätter in allen Farben hinzuwerfen, die für mich nicht weniger als ein ganzes Jahr freudenvollsten Lebens, viele schöne Weiber, eine Reise nach Italien und Champagner und Zigarren nach Belieben, vorstellten – glaubst du, daß ich auch nur *einen* Augenblick zögerte?!

Glaub es nicht! Ich warf die Summe mit eben derselben Ruhe – pah, was sage ich: Ruhe! – mit eben derselben Genugtuung hin, mit welcher Buckingham den Faden zerriß, an dem kostbare Perlen aufgefädelt waren, und diese auf den Teppich im Palaste seiner Geliebten verstreute.

Ich kaufte das Kleinod und trug es nach Hause. Du vermagst dir nichts Schöneres zu denken als jenen Schmuck!

Ich wundere mich nicht, daß die Frauen manchmal seufzen, wenn sie an den Auslagen vorübergehen, die ihren Augen so strahlende Versuchungen darbieten! Ich wundere mich nicht, daß Mephistopheles ein Halsband aus kostbaren Steinen als passenden Gegenstand ausersehen hatte, um Gretchen damit zu verführen.

Ich hätte mir, selbst als Mann, gewünscht, einen Augenblick im Orient zu leben und einer von jenen sagenhaften Herrschern zu sein, die ihre Stirn mit goldenen Reifen und kostbaren Steinen schmücken, lediglich um mich mit diesen Smaragdblättern und Brillantblüten zu zieren.

Nicht einmal ein Gnom hätte, um einen Kuß der Fee zu erkaufen, unter den unermeßlichen Schätzen, welche die Erde in ihrem Schoße birgt und von denen nur diese Zwerge wissen, einen größeren, reineren, feurigeren und schöneren finden können, als den, der, auf einer Rubin-Agraffe befestigt, inmitten des Halsbandes strahlte.

Nachdem ich nun Herr des Schmuckes geworden, begann ich darüber nachzudenken, wie ich ihn der Dame zustellen könnte, für die er bestimmt war.

Einige Tage später und – dank dem Gelde, das mir verblieben war, brachte ich es dazu, daß mir eine von ihren Dienerinnen versprach, das Geschmeide insgeheim in ihr Schmuckkästchen zu legen.

Damit ich aber sicher wäre, daß ja niemand vom Ursprung des Geschenkes Kunde erhalte, gab ich ihr, was mir noch übrigblieb, ein paar tausend Realen, unter der Bedingung, sie müsse, sobald der Schmuck an Ort und Stelle wäre, die Hauptstadt verlassen und nach Barcelona übersiedeln.

Und so geschah es auch!

Stelle dir nun die Überraschung ihrer Herrin vor, als sie das plötzliche Verschwinden des Mädchens wahrnahm und Verdacht hegend, daß dieses bei seiner Flucht irgendeine Kleinigkeit mit sich genommen habe, im Schmuckkästchen jenen wertvollen Smaragdschmuck fand!

Wer wohl ihre Gedanken erraten hatte? Wer konnte ahnen, daß sie von Zeit zu Zeit mit einem Seufzer jener Edelsteine gedacht hatte?!...

Es verging eine geraume Zeit...

Ich wußte, daß sie mein Geschenk wie ihren Augapfel hütete, ich wußte, daß sie alles daran setzte, um den Geber ausfindig zu machen, aber trotzdem sah ich sie niemals mit dem Schmuck.

Verschmähte sie vielleicht das Geschenk?!...

‹Ach›, sagte ich mir, ‹wenn sie wüßte, welchen

Wert dieses Kleinod besitzt! Wenn sie wüßte, daß es an Wert kaum von dem jenes Liebhabers übertroffen wird, der im Winter seinen Mantel verpfändete, um für sein Mädchen ein Blumensträußchen kaufen zu können!

Vielleicht denkt sie, der Schmuck komme aus den Händen irgendeines Standesgenossen, der sich eines Tages vorstellen werde, um seine Belohnung einzufordern! – Oh, wie sehr täuscht sie sich!› –

In einer Nacht zur Ballzeit stand ich vor dem Tore des Palastes und wartete in der Menge neugierigen Volkes auf ihren Wagen, um sie zu sehen.

Als dieser stillstand, der Diener den Schlag öffnete und sie, in Schönheit strahlend, heraustrat, ließ sich ein Summen der Bewunderung in der gedrängten Volksmasse hören. Die Weiber blickten sie mit Neid an, die Männer mit Verlangen. Meiner Brust entrang sich unwillkürlich ein leiser Schrei... Sie trug den Smaragdschmuck!

In jener Nacht ging ich ohne zu essen zu Bett; ich erinnere mich nicht mehr, ob mir damals die Erregung alle Eßlust benahm oder ob ich kein Geld hatte, aber auf alle Fälle: ich war glücklich!... Im Schlafe war mir, als höre ich die Ballmusik und sähe sie vor meinen Augen schweben, tausendfarbige, feurige Funken um sich werfend... ja, es träumte mir sogar, daß ich mit ihr tanze!

Das Abenteuer mit den Smaragden kam an die Öffentlichkeit; es war Gesprächsgegenstand der Damenwelt.

Seitdem man nun den Schmuck gesehen hatte, gab es keinen Zweifel mehr, und die Pflastertreter begannen ihre Bemerkungen zu machen.

Sie genoß einen fleckenlosen Ruf. Trotz allen Verirrungen ihres Gemahls und trotz all der Vernachlässigung, die er ihr zuteil werden ließ, konnte eine Verleumdung niemals zu jener Höhe empordringen, auf die sie ihre Tugenden stellten. Aber bei dieser Gelegenheit begann der Klatsch denn doch sich zu erheben.

Eines Tages, als ich mich in der Gesellschaft junger Leute befand, sprach man von den berühmt gewordenen Smaragden, bis endlich ein Laffe, so, als ob er die Frage entscheiden wollte, sagte: ‹Es ist nicht nötig, weit zu gehen. Dieser Schmuck hat den gleichen Ursprung wie alle, die man hier auf Erden verschenkt. Die Zeit ist vorüber, wo unsichtbare Geister Zaubergaben unter die Kopfkissen schöner Weiber legten, und derjenige, der ein Geschenk von solchem Werte macht, tut es mit der Hoffnung auf Belohnung; ... und die Belohnung... wer weiß, ob sie nicht schon im *Vorhinein* gegeben wurde!...›

Die Worte dieses albernen Burschen empörten und wurmten mich um so mehr, weil sie bei allen Zuhörern ein Echo fanden. Aber nichtsdestoweniger hielt ich an mich. Was für ein Recht hatte ich, mich zum Verteidiger jener Dame aufzuwerfen?...

Aber es verging kaum eine Viertelstunde, als sich mir Gelegenheit bot, dem zu widersprechen, der sie beschimpft hatte. Ich weiß nicht mehr, worin ich ihm widersprach, ich kann dir nur versichern, daß dies mit einer solchen Schärfe, um nicht zu sagen: Grobheit, geschah, daß ein Wort das andere gab und schließlich ein Zweikampf unvermeidlich wurde. – Das war es gerade, was ich wünschte.

Meine Freunde, meinen Charakter wohl kennend, wunderten sich nicht so sehr darüber, daß ich eine Herausforderung in einer so geringfügigen Sache suchte, sondern hauptsächlich über meine Beharrlichkeit, daß ich weder eine Erklärung geben, noch eine solche überhaupt zulassen wollte.

Ich schlug mich, ich kann dir aber nicht sagen, ob glücklich oder unglücklich, denn obwohl ich meinen Gegner einen Augenblick wanken und dann bewußtlos zur Erde sinken sah, nachdem ich kaum abgefeuert hatte, fühlte ich eine Sekunde darauf, wie es mir in den Ohren sauste und vor den Augen dunkelte.

Ich war ebenfalls verwundet, und zwar schwer.

Man trug mich in meine armselige Wohnung als eine Beute furchtbaren Fiebers... dort... ich weiß nicht, wie lange ich dort liegen blieb, laut rufend... ich weiß nicht, wen,... wahrscheinlich *sie*! Ich hätte die Kraft gehabt, schweigend für sie mein ganzes Leben zu leiden, um zur Entschädigung am Rande meines Grabes wenigstens einen dankbaren Blick von ihr zu erhalten, aber sterben ohne *eine* Erinnerung zurückzulassen!

Diese Gedanken marterten meine Phantasie in der traumlosen, fiebrischen Nacht, als ich bemerkte, daß die Vorhänge meines Bettes auseinandergeschlagen wurden und zwischen den Falten ein Weib erschien. Ich glaubte zu träumen, aber nein! Jenes Weib beugte sich über mein Lager, mein ärmliches, glühendes Lager, auf dem ich mich in Schmerzen wand. Dann lüftete sie den Schleier, der ihr Antlitz bedeckte, und ich sah eine Träne aus ihren langen, schwarzen Wimpern fallen...

Sie war es!

Ich richtete mich mit erschrockenem Blick auf, ich richtete mich auf ... und in diesem Augenblick ... stand ich dem Duranschen Geschäfte gegenüber ...»

«Wie!» rief ich, seine Erzählung unterbrechend, als ich ihn aus dem Ton fallen hörte, «warst du denn nicht verwundet ... und im Bette?!»

«Im Bette?! ... ah was Teufel! Ich habe vergessen, dir zu sagen, daß ich mir das alles bloß *ausgedacht* hatte, auf dem Wege von Sampers Laden, wo ich wirklich jenen Smaragdschmuck erblickt und auch den Ausruf der schönen Dame, wovon ich dir erzählt, gehört hatte – bis zur Straße de San Geronimo, wo mich der Ellbogen eines Lastträgers aus meinen Träumereien vor Durans Gewölbe aufstörte, in dessen Auslage ich das Buch von Méry sah, mit dem Titel: *Histoire de ce, qui n'est pas arrivé – Geschichte von dem, was nie geschehen ist!* – Verstehst du jetzt?» –

Als ich diese Lösung hörte, konnte ich mich des Lachens nicht enthalten.

Wahrhaftig, ich weiß nicht, wovon Mérys Buch etwa handeln könnte, aber jetzt begreife ich, daß man unter diesem Titel tausend Geschichten schreiben könnte, und zwar eine schöner als die andre.

Lord Dunsany

Orientalische Magie

Es war wieder einmal November geworden. Die Wälder um London standen noch in herbstlicher Pracht; aber die Stadt selbst hatte sich schon den grauen Mantel, den sie zu dieser Jahreszeit zu tragen pflegt, um ihre alten Schultern gehängt. Das Zimmer im Klub, in dem wir nach dem Mittagessen saßen, war nicht hell; die Vorhänge vor dem einen Fenster schienen wie hohe Schatten. Wir sprachen vom geheimnisvollen Orient. Einer war dem Geheimnis in Port Said begegnet, ein anderer in Aden, ein dritter glaubte es in Kilindini gesehen zu haben, einen Schmetterlingssammler hatte es durch ganz Indien verfolgt, und bei allen Geschichten handelte es sich um echte Magie.

Wenn ich in meinem Klub Geschichten höre, erzähle ich nur die weiter, die offensichtlich wahr sind und mir interessant vorkommen. Aber die eben genannten erfüllten keine meiner Bedingungen, und deshalb erzähle ich sie auch nicht. Jedoch erwähne ich sie, weil sie nämlich Jorkens aufgeweckt hatten, der ein bißchen eingenickt war, und weil sie ihn zu einem interessanten Tatsachenbericht veranlaßten.

«Auf Magie verstehen sie sich glänzend!» bestätigte Jorkens.

Wir fuhren zusammen und fragten: «Wer? Wo?», denn wir hatten ihn schlafend geglaubt.

«Im Orient», sagte Jorkens. «Ich meine, die Leute im Orient, die sich mit so etwas beschäftigen. Etwa so, wie man sagt, Technik sei eine Sache des Westens. Natürlich gibt's in Europa Millionen Menschen, die nicht mit einer Maschine umzugehen wissen, aber Ingenieure können es.»

«Im Osten?» fragte ich, um ihn bei der Stange zu halten.

«Im Osten», antwortete Jorkens, «verstehen sich eben Magier auf Magie.»

«Könnten Sie uns nicht ein Beispiel erzählen?» fragte Terbut. Ich war erfreut, daß er es tat, denn man hört oft vom geheimnisvollen Orient sprechen, aber selten von ausgesprochener Magie in allen Einzelheiten.

Ich bin überzeugt, daß Terbut hoffte, in einer Geschichte über Magie könnte er Jorkens viel eher bei etwas nicht ganz Stichhaltigem erwischen als bei den üblichen Reisegeschichten. Ich überlasse es dem Leser, zu beurteilen, wie sehr Terbut auf dem Holzwege war.

Und nun fing Jorkens zu erzählen an:

«Vor noch nicht allzu langer Zeit stand ich am Ufer des Ganges, dieser Perle von einem

Fluß, und war ganz in seine Betrachtung versunken. Das Wasser floß ein bis zwei Meter vor meinen Füßen vorüber, und seine Schönheit floß sozusagen durch mich hindurch. Es war Abend geworden, und Fluß und Himmel waren nicht nur unirdisch – sie waren irgendwie wirklicher als die Erde, von einer Wirklichkeit, die immer intensiver wurde. Und wenn ich je die uns bekannte Welt für die Welt der Phantasie und Dichtung, die ihr manchmal so nahe ist, hätte verlassen mögen, so wäre damals die Zeit dafür gewesen.

Doch wurde ich plötzlich auf die Erde zurückgebracht, weil ich auf einen Mann stieß, der am Flußufer saß. Meine Augen waren noch so erfüllt vom Zwielicht, daß ich fast über ihn fiel. Das Licht des Ganges war wie ausgelöscht. Er aber saß bewegungslos da, und seine Augen hielten alle Schönheit des Flusses und des Himmels – wahrscheinlich schon seit Stunden. Das ist wohl einer der Hauptunterschiede zwischen uns und jenen Menschen: auch wir können die Pracht eines solchen Flusses unter solchem Himmel genießen, wenn die Feuer auf den Ghats zu glühen beginnen und ein junger Mond schmal über den Tempeln schwebt – aber anscheinend können wir uns nicht genügend in sie versenken.

Nun gut, wie ich schon sagte, wurde ich im

wahrsten Sinne des Wortes auf die Erde zurückgebracht, und dort saß der Mann mit seinem nackten Oberkörper, saß da, als ob – ja, es gibt eben nur ein Wort, das zu beschreiben – er saß da, als ob er nicht vorhanden sei. Einer von jenen ‹Wie-heißen-sie-doch-gleich›, dachte ich bei mir. Dann kam mir auf einmal die Idee, ihn auf die Probe zu stellen.»

«Wie haben Sie denn das gemacht?» fragte Terbut.

«Nichts einfacher als das», antwortete Jorkens. «Das heißt, eigentlich war es doch nicht so einfach, weil ich ihm erklären mußte, was ein Sweepstake (irisches Pferderennen) ist, und daß Nummern auf den Billetten sind und so weiter, eben fast alles. Ich glaube nicht, daß er es richtig verstanden hat; aber eine Sache habe ich ihm klarmachen können, nämlich, daß die Nummer auf meinem Billett (das ich ihm zeigte), der Nummer auf einem andern Billett irgendwo in weiter Ferne entsprach und daß er dafür sorgen müsse, daß dies andere Billett als erstes aus einer Trommel herauskäme – als erstes vor Millionen anderen Billetten. Ich hatte es ihm gut erklärt, denn er fragte mich nach dem Grund, und ich sagte, man könne dabei Geld gewinnen. Wenn ein Mann Fragen stellt, kann man ihm fast alles erklären, denn man merkt dann gleich, wo er festsitzt, und kann ihm weiterhelfen. Er sagte also, er hätte nicht die Kraft, zu veranlassen, daß mir das Geld nütze, und ich antwortete: ‹Das laß nur meine Sorge sein.›

Da versprach er, für das übrige zu sorgen. Das Billett mit meiner Nummer würde zu allererst aus der Trommel kommen, oder der Ganges besäße keine magischen Kräfte. Er nahm mir das Billett aus der Hand, hielt es hoch in das Licht des Abendhimmels und des jungen Mondes und der Bergfeuer und gab es mir zurück und versank wieder in Meditation. Ich wollte ihm danken, aber das war vollkommen überflüssig. Sein Geist war schon wieder so weit weg, daß ich ebensogut zu einem seiner indischen Götter hätte sprechen können. Ich kann Ihnen ruhig verraten, daß es bei dem Wettrennen um dreißigtausend Pfund Sterling ging und daß ich folglich sehr zufrieden war; denn wenn an der Magie, oder was die Leute so treiben, etwas Wahres dran ist, dann mußte ich bestimmt gewinnen – er hatte mir sein Wort darauf gegeben. Natürlich dachte ich immer noch, daß vielleicht nichts Wahres dran sei; aber wenn es klappen würde, dann konnte kein Zweifel bestehen, daß er ein Magier war und seine Kräfte darauf gerichtet hatte.

Am nächsten Morgen mußte ich die Ufer des Ganges verlassen, und eine Woche später fuhr ich aus Indien ab. Sie können sich wohl denken, wie sehr es mich beschäftigte, ob ich die dreißigtausend Pfund gewinnen würde oder nicht. War an der ganzen Magie etwas dran? Das war die Frage. Nun war da auf dem Schiff ein Mann – wenn irgend jemand es wissen konnte, so mußte er es sein. Er hieß Lupton. Er kannte den Orient, so gut ihn einer auf diesem Globus nur kennen kann, und im besonderen verstand er etwas von dieser Sache hier, ich meine von der Magie. Dummerweise hatte ich ihn nie kennengelernt, und ich mochte nicht auf ihn zugehen und ihn so ohne weiteres anrempeln: er war zu berühmt dafür. Und da saß ich nun und sah ihn Tag für Tag an mir vorbeigehen und dachte, daß er um das Geheimnis meiner dreißigtausend Pfund wußte, und ob der Orient wirklich das war, wessen er sich rühmte.

Doch über kurz oder lang lernt man alle Leute an Bord kennen, obwohl wir im Mittelmeer waren, ehe ich ihm vorgestellt wurde. Und ungefähr das erste, was ich zu ihm sagte, war denn auch: ‹Ist eigentlich etwas Wahres an dem Gerücht, daß sie sich im Orient auf Magie verstehen?›

Beinahe hätte ich ihn damit verärgert, denn er dachte zuerst, ich nähme die Magie auf die leichte Schulter. Aber zum Glück sah er, daß es mir Ernst war – vermutlich ein Widerschein von den dreißigtausend Pfund, den er in meinem

Blick sah; denn nach kurzem Schweigen – ich dachte schon, er wollte nicht antworten – wandte er sich mir zu und sagte ganz freundlich: ‹Ebensogut können Sie die drahtlose Telegraphie anzweifeln.›

Daraufhin fragte ich ihn, was ich wissen wollte: ob es einem Mann im Orient möglich sei, einen gewissen Einfluß auf ein Billett auszuüben, so daß es als erstes aus der Trommel herauskäme. Und ich erinnere mich noch genau an seine Antwort: ‹Es ist eine sehr seltene Gabe, doch ist es möglich, und ich kenne sogar einen Menschen, der über solche Kräfte verfügt.›

Dann fragte ich ihn nach meinem Freund am Ganges, aber er kannte ihn nicht. Seiner lebte in Nordafrika. Vielleicht könnte meiner es auch tun, meinte er, doch immerhin gab es nur ganz wenige.

Offensichtlich war ein Haken an der ganzen Geschichte: warum ging er nicht selber zu seinem afrikanischen Freund und verschaffte sich die Dreißigtausend? Er war ein vornehmer Mann, und ich war ihm eben erst vorgestellt worden, und es war eine ziemlich heikle Frage. Aber irgendwie brachte ich's zuwege. Natürlich nicht so geradezu, sondern taktvoll und hintenherum. Und er antwortete ganz aufrichtig: ‹Ich setze mich jetzt in der Nähe von London zur Ruhe›, sagte er, ‹und lebe von meiner Pension und meinen Ersparnissen, und ich will nicht etwa behaupten, daß ich nicht dreißigtausend Pfund annähme, wenn sie mir jemand anböte. Jedoch – wie ich im Orient gelebt habe, mit viel Chinin und so, was sehr schädlich für die Nerven ist –, wenn ich da mit Hilfe vom Orient dreißigtausend Pfund bekäme, hätte ich immer Angst, daß sich der Orient eines Tages dafür rächen würde. Ja, es ist töricht von mir, aber so ist es nun mal. Sie haben vermutlich nicht die gleiche Einstellung?›

‹O nein, ich nicht›, sagte ich, und was hätte ich sonst noch hinzufügen können, ohne seine Gefühle zu verletzen? Dreißigtausend Pfund – und dann Angst haben, daß der Orient sie ihm wieder wegschnappen könnte! Was *ich* dachte, war: ‹Er soll's nur riskieren, der Orient! Zuerst will ich sie mal *haben!*› Darum fragte ich: ‹In welchem Teil von Nordafrika, sagten Sie, lebt dieser Mann?›

Er lächelte über meine Ausdauer und erzählte es mir: ‹Es ist nicht weit›, meinte er. ‹Eine Nacht und einen halben Tag mit der Bahn von der Küste aus. Am besten steigen Sie in El Kantara aus. Ein Maultierritt von wenigen Tagen bringt sie dann in die Ouled-Nail-Berge, wo er wohnt.›

‹In welchem Teil dieser Berge?› fragte ich,

denn mir schien ein Gebirge eine ziemlich unvollständige Adresse.

‹Ach, Sie werden keine Schwierigkeiten haben, ihn zu finden. Er ist ein Heiliger und sehr bekannt. Sie brauchen nur einen Nomaden nach Hamid ben Ibrahim zu fragen, wenn Sie an den Fuß der Bergkette kommen. Außerdem ist sein Haus zehn Meilen weit zu sehen. Es ist nur drei Meter hoch, zwei Meter breit und lang; aber es ist weißgetüncht und steht mitten in den braunen Bergen, und die Wüste davor dehnt sich flach bis zum Niger hin. Hamid finden Sie bestimmt.›

‹Wahrscheinlich tut's nicht jeder umsonst›, sagte ich, ‹wie mein Freund am Ganges?› Ich hatte nämlich nicht mehr viel Geld von meiner indischen Reise übrigbehalten, und mit den dreißigtausend Pfund rechnete ich noch nicht.

‹Nein›, antwortete er, ‹aber hierfür wird er es tun.› Und damit gab er mir ein kleines Päckchen, das er aus der Tasche holte – ein Pulver, wie ich durchs Papier fühlen konnte.

‹Was ist das?› fragte ich.

‹Bismuth›, antwortete er. ‹Seine Verdauung ist nicht in Ordnung. Doch er ist zu heilig, um ein Abführmittel zu nehmen. Das hat er noch nie im Leben getan, auch nicht geraucht – und Kognak kommt natürlich überhaupt nicht in Frage. Also ist er ziemlich schwer zu kurieren.

Wie Sie wohl wissen, werden in der Gegend alle Europäer für Ärzte gehalten. Das erste, was er tun wird, ist also, daß er Ihnen seine Krankheitssymptome aufzählt und Sie bittet, ihn zu behandeln. Ich glaube, Bismuth wird ihm guttun. Wenn es ihm hilft, wird er die Sache mit dem Billett für Sie besorgen. Er weiß nämlich ein gut Teil mehr über Magie, als wir alle von der Medizin verstehen. Fragen Sie aber mal den Schiffsarzt noch nach andern Medikamenten, die gut für ihn sein könnten. Übrigens ist er ziemlich dick und betreibt keinerlei Sport. Tun Sie für den alten Knaben, was Sie können!›

‹Natürlich, sehr gern›, sagte ich, denn das war ja nicht mehr als recht und billig.

‹Und an Ihrer Stelle würde ich mir in Algier ein Zelt kaufen›, sagte er, ‹anstatt es von einem Araber zu mieten. Es kommt Sie dann nur auf ein Viertel des Preises zu stehen. Vielleicht auch nur ein Achtel. Kommt ganz darauf an, wie gut Sie handeln können.›

Während unserer Unterhaltung war die Nacht hereingebrochen, ohne daß ich's bemerkt hatte. Ich blickte auf und sah Bänder von Sternen, wo vorher nur Gold und Purpur gewesen war. Und mit den Sternen kam eine Kühle herauf, und Luptons Gesicht wurde plötzlich grau, denn anscheinend war die Kühle nach Sonnenuntergang etwas, das er nicht vertragen konnte, obwohl man das Gegenteil hätte annehmen sollen, da er doch mehr in Zelten als in Häusern gelebt hatte. Er ging deshalb nach unten, und seine letzten Worte waren: ‹Er kann es bestimmt tun. Da können Sie ganz beruhigt sein!›

Schön, ich ließ also Lupton von da an in Ruhe. Ja, seltsamerweise ging ich ihm sogar aus dem Wege; denn hätte nicht jedes Gespräch trivial klingen müssen, nachdem er mir das Mysterium des Ostens offenbart hatte, während Millionen von Sternen leise hervorgeschlüpft waren, um über dem Mittelländischen Meer zu strahlen?

Noch ehe die Woche zu Ende war, kamen wir in Marseille an. Dort ging ich von Bord. Wenn ich nach England weitergefahren wäre, hätte ich nur wieder nach Afrika zurück müssen, und das hätten die Finanzen nicht erlaubt. Die einzige Schwierigkeit war, noch ein zweites Billett für das Rennen zu bekommen, da ich nicht wollte, daß sich die Magie von beiden auf das eine Billett konzentrierte. Aber denken Sie nur, ich konnte ein Billett von einem Mann in Marseille kaufen, der anscheinend den Glauben an sein Glück verloren hatte. Ich fuhr also damit nach Algier hinüber, und zwar auf dem Schiff einer Reederei, die ihre Schiffe nur zwischen Marseille und der nordafrikanischen Küste hin-

und herschickt und sich deshalb, um die Sache weniger monoton klingen zu lassen, Transatlantische Schiffahrtsgesellschaft nennt.

Den Glauben an meinen Freund am Ganges hatte ich nicht gänzlich aufgegeben. Ich hatte das Billett aufbewahrt und wollte abwarten, was er tun konnte. Doch verließ ich mich natürlich nach meiner Unterredung mit einem der berühmtesten Orientalisten sehr viel mehr auf den Mann, den er mir empfohlen hatte. Als ich den Mann am Ganges das erste Mal gesehen hatte, schien es mir ganz unwahrscheinlich, daß er versagen könnte, so überwältigend war sein Blick, und sein Geist schien nur vorübergehend in jenem Körper da neben dem Flusse zu wohnen und fähig, seine Kräfte an jedem Ort der Welt auszuüben. Doch jetzt stand ich ganz unter dem Einflusse Luptons und wollte nichts als den Mann in den Ouled-Nail-Bergen finden.

Ich kaufte mir also in Algier ein billiges Zelt und stieg eines Abends in den Zug. Am folgenden Nachmittag bekam ich die Berge zu sehen, die hinter El Kantara wie Kirchtürme in die Luft schossen. Ich erzählte den Arabern, daß ich ein Arzt sei und in die Wüste reise, um ‹Gesundheit zu finden›. Daraufhin glaubten sie mir ohne weiteres, denn mit eben dieser Bemerkung hatte ich den Beweis meiner ärztlichen Kenntnisse erbracht. In der Sahara ist nämlich mehr

‹Gesundheit zu finden› als in der ganzen langen Harleystraße. Doch es stimmt ohnehin, was Lupton mir sagte: daß in jener Gegend von jedem Europäer angenommen wird, er sei ein Doktor. Aber ich war ein ganz besonderer Arzt, und ich hatte ein paar Abführmittel und etwas Chinin mitgebracht, um es zu beweisen.

Eines Tages, als der Wind durch die Dattelpalmen fuhr, die dort unter den öden Felsklippen wuchsen, ritten wir auf Maultieren nach Süden, drei Araber und ich. El Kantara erinnerte mich immer irgendwie an Gold in eisernen Gewölben – diese grüne Schar von Tausenden von Dattelpalmen, die der einzige Reichtum der Leute sind, und ringsum die Felsen, auf denen nicht einmal so viel Grün gedeiht, als man auf einem Salzfaß sieht.»

«Sie wollten uns von dem Mann erzählen, den Sie im Ouled-Nail-Gebirge besuchen wollten», erinnerte ich.

«Ach ja, Verzeihung», sagte Jorkens. «Ja, wir ritten nach Südwesten. Sobald wir über den Paß waren, gelangten wir in die Wüste, und wir ritten weiter, die Berge immer zu unserer Rechten. Wir waren nie weit weg vom Wasser; Gießbäche, die während der Stürme von den Bergen heruntergekommen waren, hatten in den trokkenen Schluchten Hunderte von Löchern ausgehöhlt, und über jedes waren flache Steine gelegt worden, um zu verhindern, daß das Wasser in der Sonne verdunstete. Es war ein bequemes Reisen; wir lagerten, wenn die Maultiere müde waren, und während wir an den Herden der Nomaden vorübertrotteten, eilte das Gerücht von meiner Geschicklichkeit als Arzt mir voraus. Ach, diese Abende in der Wüste! Das Bergglühen! Und hier ist alles düster und laut und voller Häuser!»

«Haben Sie das Ouled-Nail-Gebirge gefunden?» fragte ich.

«O ja», sagte Jorkens, «natürlich. Wir blieben immer in der Wüste. Eines Tages lag die ganze Bergkette da. Wir zogen weiter an ihr entlang, bis wir das weiße Haus erblickten. Sonst war nichts in den Bergen zu sehen gewesen; und dann, als die Sonne unterging, erschien fern im Nordosten das Haus. Es stand genau so da, wie Lupton es beschrieben hatte, mit der Tür und den zwei kleinen Fenstern, und meilenweit weg.

Am nächsten Tag ritt ich in die Berge, um Wasser zu suchen. Und dann sagte ich, daß ich ‹Gesundheit gefunden› hätte und wieder nach El Kantara zurück wolle. Nun wählten wir eine Richtung, die mich nahe an das kleine Haus heranführte. Wir und unsere Maultiere waren natürlich schon den ganzen Vormittag vom Berghaus aus zu sehen gewesen, und mein Ruf als Arzt war lange vor uns dorthin gedrungen, so daß, als wir uns näherten, der Heilige sofort aus dem Hause gerannt kam – falls man das bei einem Mann von seiner Figur überhaupt als Rennen bezeichnen kann.

Ich redete nun sehr lebhaft in einer Art Arabisch, und er redete sehr lebhaft in einer Art Französisch, und so verständigten wir uns ausgezeichnet. Wie Ihnen jeder Doktor bestätigen wird, ist es immer gut, wenn man Diagnosen stellen kann; aber es ist besonders wirkungsvoll, wenn man es tun kann, ehe der Patient überhaupt den Mund geöffnet hat. Von Lupton wußte ich ja alles über diesen Mann. Also zählte ich ihm seine sämtlichen Symptome auf. Und dann gab ich ihm sofort Medikamente, und er kochte Kaffee für mich, und wir saßen und unterhielten uns fünf Stunden lang. Ob es nun von den Medikamenten oder von der Diagnose kam, er fühlte sich schon viel wohler, und als er mir ein Honorar anbieten wollte, sagte ich ihm, daß meine Geschicklichkeit eher der Magie als dem Studium der Medizin zuzuschreiben sei und daß ich deshalb kein Honorar annähme. Wenn er aber mein Kollege in der Magie sei – wie es Gerüchte unter Nomaden anzudeuten schienen –, dann sei ich's wohl zufrieden, wenn er mir ein wenig von seiner Magie zeigen könne. Und damit holte ich das Billett hervor, das ich dem

Mann in Marseille abgekauft hatte, der nicht mehr an sein Glück glaubte.

Er betrachtete sich die Nummer auf dem Billett und, ganz entgegengesetzt von dem Mann am Ganges, verstand er die Sache sofort. Ja, er könne es tun. Und wenn mir jemand in dem Augenblick zwanzigtausend Pfund dafür angeboten hätte, ich würde sie nicht genommen haben.

Er hatte nämlich recht. Er konnte es. Lupton hatte recht. Es existiert eine Magie im Osten, von der wir nichts wissen. Ich ging nach El Kantara zurück, fuhr nach London – die ganze Reise dritter Klasse natürlich –, deponierte die beiden Billette auf einer Bank und wartete auf die Ziehung.»

«Einen Augenblick mal», warf Terbut ein, «Sie sagten, er habe es gekonnt.»

«Ja, gewiß!» sagte Jorkens, «und der Mann am Ganges auch!»

«Dann bekamen Sie also sechzigtausend Pfund», stellte Terbut fest, «nicht bloß dreißigtausend!»

«Sie können es hier selbst lesen», sagte Jorkens, «den Zeitungsausschnitt habe ich mir bis auf den heutigen Tag aufgehoben.» Und aus einer alten ledernen Brieftasche holte er einen Zeitungsausschnitt aus der *Irish Press.* Er gab ihn Terbut,und Terbut las es laut vor:

«Im entscheidenden Augenblick fuhren hundert Krankenschwestern, die als Radfahrerinnen aus dem vorigen Jahrhundert kostümiert waren, an Mr. O'Riotty vorbei, der zwischen zwei Maschinengewehren die Parade abnahm und salutierte. Dann öffnete er ein Türchen in der Trommel, und die erste Krankenschwester steckte die Hand hinein, um die Gewinn-Nummer zu ziehen. Zufällig griff sie aber zwei Nummern, und Mr. Riotty befahl, sie wieder hineinzulegen ...»

«Weiter brauchen Sie nicht zu lesen», sagte Jorkens.

«Was?» rief Terbut.

«Nein», sagte Jorkens. «Ach, was für einen Fehler ich beging! Was für einen Fehler! Doch hinterher kann man das leicht sagen.»

«Ach so», rief Terbut gedehnt, «Sie glauben, daß alle beide ...»

Aber Jorkens schnaufte ungeduldig.

«Macht nichts», sagte ich. «Trinken Sie einen Whisky!»

«Einen Whisky!» rief Jorkens. «Was kann mir der schon nützen!»

Joachim Ringelnatz

Jemand erzählt von Illineb

Illineb hatte auf meine lange Rede hin mir schnell und kurz geantwortet: «Sie können hier bei täglich einer Mark arbeiten, schlafen und essen.» Alles übrige – ob ich Sachen habe? dann sollte ich sie holen – bedeutete mir ein alter mürrischer Italiener, den man Magnus nannte. Er führte mich zu dem geräumigsten der grünen Wagen, stellte mich einer schönen, bösen Dogge als *amico* vor und zeigte mir mein Bett im Hinterraum. Für den Rest des Abends sei ich dienstfrei.

Ich ging. Und kam mit dem Segeltuchköfferchen zurück, darin all mein Besitz Platz hatte, und ich packte aus, kroch fröstelnd zwischen Strohsack und Pferdedecke.

Ich redete mir zu, nun dankbar und glücklich zu sein, weil ich nach langer Hungerzeit eine feste Anstellung gefunden hatte, noch dazu eine, die mit viel Romantik verknüpft war; während der langen Stunden, die ich wach lag, drangen Zirkusmusik, Löwengebrüll und fernes Massenhändeklatschen an mein Ohr. Aber ich fühlte mich unglücklich. Mir bangte vor dem Zusammenleben mit dem unfreundlichen Magnus und dem eisigen Illineb. Es war nicht das erstemal, daß ich eine neue Stellung und einen ganz neuen Beruf angetreten hatte. Ich erinnerte mich nun, wie mich jedesmal das Fremde an der Situation und an den Menschen zunächst traurig und einsam gestimmt hatte. Einträumend nahm ich mir noch vor, mich morgen tapfer und blind anständig meinen Pflichten zu widmen. – Einmal halb erwachend, sah ich den Italiener hereintorkeln und sich entkleiden an einem Bett, das dem meinen gegenüber stand. Und später schreckte ich einmal auf und bemerkte Illineb. Er schloß die Tür hinter sich ab, löschte die Kerzen, die Magnus hatte brennen lassen, und verschwand mit leisen, aber festen Schritten im vorderen Abteil des Wagens.

In aller Frühe von einem blöde grinsenden Nachtwächter geweckt, zog ich mich eiligst an. Magnus gab mir, zunächst von seinem Lager aus, Instruktionen in brummigen, kargen Sätzen. Draußen war ein sonniger Tag.

Ich mußte zwischen den Wagen und Zelten Feuer unter einem sonderbar gestalteten Kessel anlegen, mußte putzen, fegen, holen und fortbringen. Dabei gab ich mir Mühe. Wenn mein Chef, der auch schon von früh an geschäftig herumlief, an mir vorbeikam, gab ich mir doppelte Mühe, denn mir lag an seiner Gunst. Es schien aber, als ignorierte er mich völlig.

Allerdings richtete er auch an Magnus und an Matilden nur höchst selten kurze, notwendige Worte und dann in demselben gefühllosen Ton, mit dem er mich engagiert hatte.

Ich bekam gut und reichlich zu essen. In der Frühstückszeit sah ich mir auch die Löwen in dem Gitterwagen an – unsere Löwen. Es waren ihrer fünf, und ein sechster, sehr magerer befand sich in einem Einzelkäfig. Diesen Käfig mußten Magnus und ich im Laufe des Tages immer wieder so verrücken, daß die Sonne voll hineinschien.

Als ich in der Mittagspause mich zwischen den Buden und Karussells herumgetrieben und einen Schnaps in einem Keller getrunken hatte, wo die Schausteller und ihre Leute laut vergnügt zusammenkamen, war mir schon ziemlich freier zumut. Ich versuchte während des Nachmittagsdienstes ein Gespräch mit Magnus anzuknüpfen; er ging indessen nicht darauf ein, außerdem war er etwas angetrunken und daraufhin noch mürrischer als zuvor. Um fünf Uhr brachte Matilde jedem von uns einen Topf voll Kaffee und ein großes Butterbrot, «das Brett», wie Magnus es nannte.

Als ich das, auf der Kokskiste sitzend, mit der Wonne eines pausierenden Arbeitsmannes genoß, stand Illineb gerade vor dem Einzelkäfig. Er sprach leise auf den Löwen ein. «Prinz!

Armer Prinz!» hörte ich ihn sagen und zu meiner Überraschung mit einer ungemein weichen, gütigen Stimme. Ich trat kauend hinzu und erfreute mich daran, wie er geschickt ein Stück Fleisch mit weißen Kapseln spickte und es dem Löwen furchtlos durch die Stäbe reichte.

Ich wollte ihm etwas Angenehmes sagen. «Ein stattlicher Bursche!» sagte ich, den Löwen betrachtend.

Illineb drehte sich scharf um. Und versetzte mir einen Schlag. Einen Schlag mit der Faust ins Gesicht, daß ich hinfiel. Sekundenlang wußte ich nicht, was ich tun sollte.

Dann erhob ich mich, sammelte schweigend die Topfscherben auf und begab mich an meine Arbeit. In einer fahrbaren Tonne Wasser von der entlegenen Pumpe holen. Aber nun hatte ich einen tiefen, bebenden Haß gegen diesen rohen, ungebildeten Tierbändiger. Dazu schämte ich mich vor Magnus, der Zeuge gewesen war. Obwohl er es nie erwähnte.

Ich brauchte mich nicht von den anderen zurückzuziehen. Es gab dort außerdienstlich keine Kameradschaft. Magnus besoff sich in der Freizeit mit dem Ausrufer der Zwergenschau, die Frauenzimmer, die im Küchenwagen wohnten, zankten sich weit hörbar untereinander, und für den Herrn Dompteur waren wir alle jederzeit Luft oder Maschinenteile.

Gelegentlich rief mich Matilde, die uns das Essen kochte und zutrug, in den Weiberwagen. Ich mußte meine Personalien in einen polizeilichen Fragebogen eintragen. Als ich in die Rubrik «Beruf» zögernd «Student» schrieb, lachte Matilde plump auf, aber sie ward daraufhin vorübergehend gesprächig. Ich hatte aus der Spalte Illineb nur – und auch nur zufällig gelesen, daß er ledig sei. Matilde erzählte mir nun, daß er aus Georgina stammte. Daß sein Vater, auch ein Dompteur, an einem Löwenbiß gestorben und daß seine Großmutter von einem Walfisch gefressen sei. Und Prinz wäre krank. Und der Alte hinge just an diesem Vieh besonders. Und Prinz verstünde die indische Sprache. Ich glaube, ich glaubte damals Matilden alles.

Das blieb aber der einzige Fall, daß eine von den Frauen einmal mit mir plauderte. Bald ward mir das Leben dort ein graues Einerlei. Darin gab es täglich nur eine einzige interessante, allerdings höchst aufregende Viertelstunde. Um zehn Uhr abends, wenn der Deutschmeistermarsch zu uns herüberklang, wurden die Falltüren geöffnet. Zunächst trug Pinguina das Löwenbaby eigenhändig in die Manege. Es war eigentlich schon viel zu groß und zu schwer für die zierliche Person, weshalb Pinguina drinnen immer mit Heiterkeit empfangen wurde. Nun galt es, die großen Tiere durch einen vergitterten Gang vom Wagen ins Zelt zu treiben. Im Gang stand dann mit gewichstem Schnurrbart und gewichsten Stiefeln der schlanke Illineb in einer Husarenuniform und hielt in der Linken einen eisernen Rechen und eine Nilpferdpeitsche und in der Rechten einen Revolver. So ließ er seine gebändigten Tiere der Wüste passieren. Erst kamen die drei Löwinnen. Sie liefen, vom plötzlichen Licht und von der Musik verwirrt, vielleicht auch von gewohnheitsmäßigen Ängsten und Ahnungen eingeschüchtert, nach kurzem Abirren schnell vorbei. Dann näherte sich King, der mächtige, bösartige Löwe. Der schlich ganz langsam – jeder Schritt gezwungen – mit gesenktem Kopf heraus. Und vor Illineb stockte er und blickte höchstes Mißtrauen und brüllte drohend.

Zu dieser Szene versammelten sich jedesmal viele Leute, die den verbotenen Zutritt riskieren konnten; der Koch vom Bierzelt, die Wahrsagerin, der Luftballonmann, sämtliche Damen der Schießbude. Sie stellten sich regelmäßig ein und erwarteten den Kampf. Ich meine: sie alle – oder wir Zuschauer alle – wünschten insgeheim, daß nun etwas Entsetzliches geschehen, und gleichzeitig, daß nichts Trauriges geschehen möchte.

Illineb verlor bei dem Vorgang, der weit

spannender war als die Vorstellung im Zirkus, niemals die Ruhe. Wenn King stehenblieb, rief ihm der Chef nichts zu als: «Nun?» oder «Nun!» Doch er konnte es in den verschiedensten Nuancen rufen, aufmunternd, streng, zornig, warnend, ganz langgedehnt. – Und wenn King plötzlich zähnefletschend und stoßweise, heiser aufbrüllend seinen Kopf herumriß, dann hielt Illineb zur Abwehr den Rechen vor und schoß gleichzeitig aus dem Revolver Blitz und Knall ohne Kugel in die funkelnden Augen. Und King blinzelte nicht, aber er brüllte noch feindseliger und schlug mit seiner Pratze mächtige tückische Seitenschläge in die Luft und gegen den Rechen. Illinebs Nun schwoll wie ein Sirenenheulen an. Er schlug mit der Nilpferdpeitsche dem Tier kräftig und, wie es schien, rücksichtslos über Schnauze und Augen. Oft kämpften sie lange so. Schließlich, wutschnaubend, wich King dann doch. Aber im Zelteingang blickte er noch einmal zurück nach seinem Meister, und sein Blick trug einen furchtbaren Haß. Wie ich ihn hatte.

Mehr oder weniger dramatisch fand dieses Duell täglich statt. Vielleicht sah es schlimmer aus, als es war. Es schien mir sogar nicht unmöglich, daß das Ganze sozusagen ein gewolltes Scheinmanöver war, um King in Aufregung zu bringen und dem Publikum eine besonders gereizte und gefährliche Bestie vorzuführen. Ich gewöhnte mich mehr und mehr an dieses Schauspiel.

Eines Abends, da ich mir gerade mit dem Feuer am Wasserkessel zu schaffen machte, ließ mich das Kampfgebrüll wieder aufschauen. Und da gewahrte ich, daß King sich zum Sprung duckte, und sah, daß Illineb die Hände nach uns Zuschauenden streckte, sah, daß er weder Rechen noch Peitsche, sondern nur den Revolver bei sich hatte. Es war ein atemloser Moment. Wir schrien alle auf.

Das Folgende vollzog sich viel schneller, als es zu erzählen ist. Der Löwe sprang. Illineb schoß. Mitten im Sprunge änderte der Löwe noch mit einem Ruck seine Richtung, aber er riß den seinerseits ausweichenden Illineb doch mit zu Boden. Und aus einem Arm Illinebs war ein Fetzen Ärmel und Fleisch herausgerissen, und Blut floß. Und King bäumte sich neu und sprang mit beiden Vordertatzen wuchtig auf die Brust seines Herrn. In diesem Augenblick war sein Hinterteil ans Gitter gepreßt. Da stieß ich blitzschnell die Schaufel ins Feuer und schmiß Glut und Flammen dem Löwen zwischen die Hinterbeine. Daß er mit einem Wehgeheul zur Seite sprang.

Und wieder geschah das nächste im Nu. War Illineb emporgeschnellt, hatte Magnus ihm Rechen und Peitsche zugestoßen, streckte Matilde einen Revolver durchs Gitter, der Blitz, Knall und Kugeln bereithielt. Es war nicht mehr nötig. Der Löwe war, von Schmerzen gepeinigt, ins Zelt gerast.

Der Chef wurde ins Bett getragen, die Vorstellung abgesagt, ein Arzt gerufen.

Fünf Tage lang fiel die Hauptattraktion im Zirkus aus. So lange durfte außer Matilden niemand die Stube des Chefs betreten. Er tat mir natürlicherweise und trotz meines Hasses leid, auch konnte ich nicht umhin, seine Bravour zu bewundern. Magnus soff mehr als sonst. Doch er und die Frauen erledigten die Geschäfte gewissenhaft und wie selbstverständlich. Aber untereinander oder mit mir sprachen sie keine Silbe über das Vorgefallene. So standen sie im Banne der Verschlossenheit ihres Brotherrn.

Am sechsten Tag kam dieser wieder zum Vorschein. Ich war dabei, eine Verankerung des Zeltes anzuspannen. Da trat er, den rechten Arm in der Binde, aus dem Wagen, und – ich bemerkte es seitwärts schielend – er ging forsch, geradewegs auf mich zu. Ich fürchtete mich vor diesem längst ausgedachten Augenblick. Ich hätte meinem, wie mir's vorkam, schon allzu hart gestraften Feinde so gern die Demütigung erspart, mir danken zu müssen.

Illineb stand vor mir, und – – er gab mir einen

Schlag. Mit der linken Faust einen Schlag in die Fresse. Wie damals. Und entfernte sich.

Ich spürte keinen Schmerz vor Verblüffung und Betrübnis. Und ich nahm auch diesen Schlag schweigend hin. Aber – sonderbar: Seitdem verehrte ich Illineb, trotzdem er fortan und bis zuletzt unverändert kalt blieb und mich und uns übersah.

Ja, ich fing an, ihn zu lieben. Ganz im stillen. Ich arbeitete noch eifriger als früher, aber wenn ich seine Schritte vernahm, versteckte ich mich möglichst. Und doch behielt ich ihn, wo es anging, im Auge.

Ich liebte ihn hündisch. Ich folgte ihm so weit, daß ich ihn aus der Entfernung beobachten und belauschen konnte. Wenn er die Fleischstücke spießte und in die Käfige reichte, unter lieben Koseworten in verschiedenen, manchmal mir unbekannten Sprachen. Wenn er rührend zärtlich und lange Prinzens Nase streichelte. Ich schlich ihm sogar in der Freizeit heimlich nach, wenn er die anderen Tiere, unsere Dogge, die Pferde der Kunstreiter, den Esel des Clowns oder die Eisbären in der russischen Bude aufsuchte und zu denen, sofern er sich von Menschen unbeobachtet fühlte, genau so redete wie zu seinen Löwen.

Auch diesen Löwen gewann ich lieb. Einmal stand ich eine Stunde lang allein und ergriffen vor dem kranken Prinz in der Sonne. Er trabte in dem engen Käfig die drei Schritte hin und die drei Schritte her unaufhörlich auf und ab, mit Schnauze und Fell das Gitter streifend, so daß er mehrere abgewetzte Stellen hatte. Und nie gelang es mir, seinen Blick zu fangen, ihm in die Augen zu sehen. Er blickte über mich, über alle Zuschauer – ich weiß: auch über Illineb – hinweg. Wie Illineb über uns Mitmenschen hinwegsah.

Cooper erzählt von einem gefangenen Indianer, der keine Nahrung annahm und nichts sprach, sondern nur so blickte: immer in einer bestimmten Richtung, an seinen Feinden, den Puritanern vorbei oder über sie hinweg, wie in eine nur ihm vertraute, einzige Ferne.

Als Prinz eines Morgens nicht mehr imstande war, auf seinen Füßen zu stehen, ließ Illineb, ungern nachgebend, den Tierarzt holen.

Ich verfolgte von weitem die Unterhaltung und fing einige Worte des Veterinärs auf, wie «Operation» – «Fesselung» – «Narkotikum». Darauf antwortete Illineb plötzlich sehr laut in einer mir und zweifellos auch dem Tierarzt unverständlichen Sprache, und er gab dem Tierarzt Geld und entließ ihn unhöflich.

In der Nacht zu diesem Tage konnte ich wieder einmal nicht einschlafen. Ich erwog einen Plan. Ich wollte Illineb meine Liebe und Verehrung gestehen. Ganz einfach und ehrlich, ohne mich meiner gebildeteren Ausdrucksweise zu schämen. Ich wollte um sein Vertrauen und um seine Freundschaft bitten. Noch zur Dunkelzeit hörte ich ihn sein Zimmer verlassen, unseren Raum durchschreiten und die Tür von außen abschließen. Das verwunderte mich. Er ging sonst nie nachts aus. Wollte er wohl einmal mit Kollegen oder mit Freunden zechen? – – Ob er einen Freund hatte? – – – Ob es ein Mädchen gab, das er liebte? – – – Über solchem Nachdenken schlief ich allmählich ein. Morgens gab es einen Krach. Es stimmte etwas nicht. Magnus mußte die Wagentür gewaltsam aufbrechen. Illineb wurde tot und gräßlich zerrissen und zerbissen in Prinzens Käfig aufgefunden. Ein Rasiermesser und eine Nagelschere lagen neben der Leiche. Prinz hatte eine merkwürdige rechtwinkelige Schnittwunde an der linken Hüfte.

Die Löwentruppe Illineb wurde zwei Tage später aufgelöst, und die Löwen wurden verkauft. Prinz war gesundet.

Heinrich von Kleist

Das Bettelweib von Locarno

Am Fuße der Alpen, bei Locarno im oberen Italien, befand sich ein altes, einem Marchese gehöriges Schloß, das man jetzt, wenn man vom St. Gotthard kommt, in Schutt und Trümmern liegen sieht: ein Schloß mit hohen und weitläufigen Zimmern, in deren èinem einst, auf Stroh, das man ihr unterschüttete, eine alte kranke Frau, die sich bettelnd vor der Tür eingefunden hatte, von der Hausfrau, aus Mitleiden, gebettet worden war. Der Marchese, der, bei der Rückkehr von der Jagd, zufällig in das Zimmer trat, wo er seine Büchse abzusetzen pflegte, befahl der Frau unwillig, aus dem Winkel, in welchem sie lag, aufzustehn und sich hinter den Ofen zu verfügen. Die Frau, da sie sich erhob, glitschte mit der Krücke auf dem glatten Boden aus und beschädigte sich, auf eine gefährliche Weise, das Kreuz; dergestalt, daß sie zwar noch mit unsäglicher Mühe aufstand und quer, wie es ihr vorgeschrieben war, über das Zimmer ging, hinter den Ofen aber, unter Stöhnen und Ächzen, niedersank und verschied.

Mehrere Jahre nachher, da der Marchese, durch Krieg und Mißwachs, in bedenkliche Vermögensumstände geraten war, fand sich ein florentinischer Ritter bei ihm ein, der das Schloß, seiner schönen Lage wegen, von ihm kaufen wollte. Der Marchese, dem viel an dem Handel gelegen war, gab seiner Frau auf, den Fremden in dem obenerwähnten, leerstehenden Zimmer, das sehr schön und prächtig eingerichtet war, unterzubringen. Aber wie betreten war das Ehepaar, als der Ritter mitten in der Nacht, verstört und bleich, zu ihnen herunterkam, hoch und teuer versichernd, daß es in dem Zimmer spuke, indem etwas, das dem Blick unsichtbar gewesen, mit einem Geräusch, als ob es auf Stroh gelegen, im Zimmerwinkel aufgestanden, mit vernehmlichen Schritten, langsam und gebrechlich, quer über das Zimmer gegangen und hinter dem Ofen, unter Stöhnen und Ächzen, niedergesunken sei.

Der Marchese, erschrocken, er wußte selbst nicht recht warum, lachte den Ritter mit erkünstelter Heiterkeit aus und sagte, er wolle sogleich aufstehen, und die Nacht, zu seiner Beruhigung, mit ihm in dem Zimmer zubringen. Doch der Ritter bat um die Gefälligkeit, ihm zu erlauben, daß er, auf einem Lehnstuhl, in seinem Schlafzimmer übernachte, und als der Morgen kam, ließ er anspannen, empfahl sich und reiste ab.

Dieser Vorfall, der außerordentliches Aufsehen machte, schreckte, auf eine dem Marchese höchst unangenehme Weise, mehrere Käufer ab; dergestalt, daß, da sich unter seinem eigenen Hausgesinde, befremdend und unbegreiflich, das Gerücht erhob, daß es in dem Zimmer, zur Mitternachtsstunde, umgehe, er, um es mit einem entscheidenden Verfahren niederzuschlagen, beschloß, die Sache in der nächsten Nacht selbst zu untersuchen. Demnach ließ er, beim Einbruch der Dämmerung, sein Bett in dem besagten Zimmer aufschlagen und erharrte, ohne zu schlafen, die Mitternacht. Aber wie erschüttert war er, als er in der Tat, mit dem Schlage der Geisterstunde, das unbegreifliche Geräusch wahrnahm; es war, als ob ein Mensch sich von Stroh, das unter ihm knisterte, erhob, quer über das Zimmer ging und hinter dem Ofen, unter Geseufz und Geröchel niedersank. Die Marquise, am anderen Morgen, da er herunterkam, fragte ihn, wie die Untersuchung abgelaufen; und da er sich, mit scheuen und ungewissen Blicken, umsah und, nachdem er die Tür verriegelt, versicherte, daß es mit dem Spuk seine Richtigkeit habe, so erschrak sie, wie sie in ihrem Leben nicht getan, und bat ihn, bevor er die Sache verlauten ließe, sie noch einmal, in ihrer Gesellschaft, einer kaltblütigen Prüfung zu unterwerfen. Sie hörten aber, samt einem treuen Bedienten, den sie mitgenommen hatten, in der Tat, in der nächsten Nacht, dasselbe unbegreifliche, gespensterartige Geräusch; und nur der dringende Wunsch, das Schloß, es koste was es wolle, loszuwerden, vermochte sie, das Entsetzen, das sie ergriff, in Gegenwart ihres Dieners zu unterdrücken und dem Vorfall irgendeine gleichgültige und zufällige Ursache, die sich entdecken lassen müsse, unterzuschieben. Am Abend des dritten Tages, da beide, um der Sache auf den Grund zu kommen, mit Herzklopfen wieder die Treppe zu dem Fremdenzimmer bestiegen, fand sich zufällig der Haushund, den man von der Kette losgelassen hatte, vor der Tür desselben ein; dergestalt, daß beide, ohne sich bestimmt zu erklären, vielleicht in der unwillkürlichen Absicht, außer sich selbst noch etwas Drittes, Lebendiges, bei sich zu haben, den Hund mit sich in das Zimmer nahmen. Das Ehepaar, zwei Lichter auf dem Tisch, die Marquise unausgezogen, der Marchese Degen und Pistolen, die er aus dem Schrank genommen, neben sich, setzen sich, gegen elf Uhr, jeder auf sein Bett; und während sie sich mit Gesprächen, so gut sie vermögen, zu unterhalten suchen, legt sich der Hund, Kopf und Beine zusammengekauert, in der Mitte des Zimmers nieder und schläft ein. Drauf, in dem Augenblick der Mitternacht, läßt sich das entsetzliche Geräusch wieder hören; jemand, den kein Mensch mit

Augen sehen kann, hebt sich, auf Krücken, im Zimmerwinkel empor; man hört das Stroh, das unter ihm rauscht; und mit dem ersten Schritt: tapp! tapp! erwacht der Hund, hebt sich plötzlich, die Ohren spitzend, vom Boden empor, und knurrend und bellend, grad als ob ein Mensch auf ihn eingeschritten käme, rückwärts gegen den Ofen weicht er aus. Bei diesem Anblick stürzt die Marquise, mit sträubenden Haaren, aus dem Zimmer; und während der Marchese, der den Degen ergriffen: «Wer da?» ruft und, da ihm niemand antwortet, gleich einem Rasenden, nach allen Richtungen die Luft durchhaut, läßt sie anspannen, entschlossen, augenblicklich, nach der Stadt abzufahren. Aber ehe sie noch nach Zusammenraffung einiger Sachen aus dem Tore herausgerasselt, sieht sie schon das Schloß ringsum in Flammen aufgehen. Der Marchese, von Entsetzen überreizt, hatte eine Kerze genommen und dasselbe, überall mit Holz getäfelt wie es war, an allen vier Ecken, müde seines Lebens, angesteckt. Vergebens schickte sie Leute hinein, den Unglücklichen zu retten; er war auf die elendiglichste Weise bereits umgekommen, und noch jetzt liegen, von den Landleuten zusammengetragen, seine weißen Gebeine in dem Winkel des Zimmers, von welchem er das Bettelweib von Locarno hatte aufstehen heißen.

Kleine WASSERMANN-Parade

Betrachten wir uns einige der berühmtesten Vertreter aus der großen Wassermann-Familie, so sehen wir, daß in der vordersten Reihe die Musiker stehen – was nicht verwunderlich ist, da Empfindsamkeit und Einfühligkeit beinahe ätherischer Art im Wesen des Zeichens liegen. Große Namen sind: Pergolese, Mozart, Schubert, Mendelssohn und Chopin sowie, unter den Dirigenten, z. B. Wilhelm Furtwängler. «Halbe» Wassermänner sind Cimarosa, Rossini und Smetana.

In Literatur und Philosophie ragen viele Wassermänner hervor. Als Utopisten: Jules Verne und Wells; als Revolutionäre: Beaumarchais, Voltaire, Byron, Stendhal, Marx, Brecht. Vom Wassermann gekennzeichnet ist auch Romain Rolland, zumal da, wo er sich mit den Biographien berühmter Männer beschäftigt. Ferner tragen Wassermann-Gepräge so komplexe Naturen wie Grillparzer, Strindberg, Joyce und Dickens.

Der Vorrang des Menschlichen im Wassermann-Zeichen tritt auch in der Malerei zutage: zumal bei den Porträtisten Manet, Degas, van Dongen sowie bei den «Primitiven» (Le Douanier Rousseau), bei den Revolutionären (Manet) und den Modernisten (Léger).

In der Politik ist der Wassermann im allgemeinen als Befürworter von Fortschritt, Friede, Freiheit, klugen Reformen oder auch tiefgreifenden Revolutionen zu erkennen. Beispiele hierfür sind der französische König Karl V., genannt «der Weise», Friedrich der Große, der «aufgeklärte Monarch», Robespierre, der Führer der Ersten Republik in Frankreich, Abraham Lincoln, der die Sklaverei abschafft, Franklin Roosevelt, der demokratische Präsident des «New Deal».

In Wissenschaft und zumal Philosophie sind bedeutende Wassermann-Typen hervorgetreten: Ampère, Darwin, Edison, B. Franklin, Hertz, Montgolfier, Prof. Piccard, Volta, Fr. Bacon, Gassendi, Schelling.

Die innere und äußere Spannweite der Wassermann-Natur ist bedeutend. Alle Schattierungen und Unterschiede werden klar erkennbar: ein Jovier wie Manet, ein Neptunier wie Douanier Rousseau, ein Venusier wie Roosevelt, ein Saturnier wie Robespierre, ein von Venus-Jupiter geprägter Typ wie Rossini und ein lunarer Merkurier wie Mozart. Doch ungeachtet des Individualbildes angesichts der jeweils persönlichen Konstellation, ist der

«Wassermann-Typ» als Allgemeinbild in seinen beiden Ausprägungen von Saturn und Uranus unübersehbar. Der vollkommene, der lückenlose Wassermann-Typ wäre zugleich beides: Brecht und Breton, Stendhal und Dean, Mozart und Robespierre.

Aus: André Barbault, Charakter und Schicksal des Menschen im Tierkreis

Quellennachweis

An dieser Stelle danken wir den Autoren, Übersetzern, Agenturen und Verlagen, die uns freundlicherweise den Nachdruck folgender Beiträge gestatteten: Dr. Hans Bayer, Stuttgart: *Thaddäus Troll · Dichterlesung in Funzwang;* S. Fischer Verlag, Frankfurt a. M.: *Virginia Woolf · Der Scheinwerfer,* übersetzt von Herberth und Marlys Herlitschka; Karl H. Henssel Verlag, Berlin: *Joachim Ringelnatz · Jemand erzählt von Illineb;* Verlag Langewiesche-Brandt, Ebenhausen Obb.: *Lars Ahlin · Man kommt nach Haus und ist nett,* übersetzt von Per-Olof und Christel Mascher; Rowohlt Verlag, Reinbek: *Raold Dahl · Mein Herzblatt,* übersetzt von Hans-Heinrich Wellmann; Elisabeth Schnack, Zürich: *Lord Dunsany · Orientalische Magie,* übersetzt von Elisabeth Schnack; Suhrkamp Verlag (Insel), Frankfurt a. M.: *Hans Carossa · Die Forelle.* – Das Copyright der Texte von André Barbault und Linda Goodman liegt beim Scherz Verlag.